# UIMITOAREA CARTE DE BUCATE PENTRU PLĂCINTĂ

Stăpânește crusta perfectă și 100 de umpluturi uimitoare, cu fructe, nuci, creme, creme, înghețată și multe altele; Tehnici experte pentru a face plăcinte fabuloase de la zero

Anton Petrescu

Material cu drepturi de autor ©2024

Toate drepturile rezervate

Nicio parte a acestei cărți nu poate fi utilizată sau transmisă sub nicio formă sau prin orice mijloc fără acordul scris corespunzător al editorului și al proprietarului drepturilor de autor, cu excepția citatelor scurte utilizate într-o recenzie. Această carte nu trebuie considerată un substitut al sfaturilor medicale, juridice sau de altă natură profesională.

# CUPRINS _

- CUPRINS _.................................................................................3
- INTRODUCERE........................................................................6
- REȚETE DE BAZĂ ...................................................................7
  1. Pesmet de plăcintă ...........................................................8
  2. Glazură cu firimituri de plăcintă ..................................10
  3. Crusta de ciocolata ........................................................12
  4. Crustă de plăcintă cu conținut scăzut de grăsimi .......14
  5. crusta Graham ...............................................................16
  6. Aluatul de mama ...........................................................18
- **Plăcinte cu cremă**...................................................................20
  7. Mini plăcinte cu căpșuni și cremă ...............................21
  8. Plăcintă cu cremă de ciocolată .....................................23
  9. Plăcintă cu cremă de banane .......................................27
  10. Plăcintă cu înghețată cu lapte de cereale....................31
  11. PB și J plăcintă ...............................................................33
  12. Plăcintă cu cremă de banane .......................................35
  13. Plăcintă cu brownie.......................................................38
  14. Plăcintă cu lăcuste .........................................................41
  15. Plăcintă blondă ..............................................................43
  16. Plăcintă cu bomboane...................................................46
  17. Bezea cu lămâie-plăcintă cu fistic ................................49
  18. Plăcintă cu crack............................................................52
  19. Plăcintă cu înghețată cu cereale din porumb dulce ...56
  20. Plăcintă cremoasă de ricotta ........................................58
  21. Plăcintă cu cremă de caju-banane ...............................60
  22. Plăcintă cu unt de arahide – înghețată .......................62
  23. Placinta cu crema B oston ............................................64
- **Plăcinte de mână** ...................................................................66
  24. S'mores plăcinte de mână.............................................67
  25. Plăcinte de mână cu afine ............................................69
  26. Plăcintă de mână cu căpșuni .......................................71
  27. Plăcinte de mână cu mere ............................................73
- **Plăcinte cu fructe** ..................................................................76
  28. Plăcintă cu lime cheie ...................................................77
  29. Plăcintă cu mere ............................................................80
  30. Plăcintă cu afine și rubarbă..........................................82
  31. Plăcintă cu mere ............................................................85
  32. Plăcintă ușoară cu nucă de cocos fără gluten.............88

33. Plăcintă cu grapefruit ...... 90
34. plăcintă cu afine ...... 92
35. Plăcintă cu firimituri de piersici ...... 94
36. Placintă cu nori de căpşuni ...... 96
37. Plăcintă cu fructe proaspete fără coacere ...... 99
38. Plăcintă cu banane şi mango ...... 101
39. Plăcintă cu cremă de căpşuni ...... 103
40. Plăcintă cu bezea cu mere ...... 105
41. Plăcintă cu mere cu crumble de cheddar ...... 107

## Plăcinte cu legume ...... 109
42. Rubarbă cu vârf de macaroane ...... 110
43. Plăcinta Minerului ...... 112
44. Plăcintă cu rubarbă ...... 114
45. Plăcintă cu cartofi dulci ...... 117
46. Placinta de dovleac ...... 119
47. Plăcintă cu cartofi dulci din sud ...... 121
48. Plăcintă italiană cu anghinare ...... 123
49. Plăcintă rustică ...... 125
50. Plăcintă cu pui, praz şi ciuperci ...... 127
51. Plăcintă de dovleac cu un strop de rom ...... 130
52. Plăcintă cu roşii verzi ...... 133
53. Plăcintă cu sparanghel ...... 135

## Plăcinte cu nuci ...... 137
54. Plăcintă pecan ...... 138
55. Plăcintă cu ciocolată albă şi alune ...... 141
56. Plăcintă uşoară cu nucă de cocos fără gluten ...... 143
57. B lipsă plăcintă cu fulgi de ovăz cu nucă ...... 145
58. Plăcintă cu ghinde ...... 147
59. Placintă cu cireşe cu migdale ...... 149
60. Plăcintă cu ciocolată amaretto ...... 151
61. S nickers bar plăcintă ...... 153
62. Plăcintă crocantă cu cireşe şi alune ...... 155

## Plăcinte cu ierburi şi flori ...... 157
63. Placintă espresso cu ciocolată şi mentă ...... 158
64. Plăcinte cu rozmarin, cârnaţi şi brânză ...... 160
65. Plăcintă cu panseluţă cu lămâie ...... 162

## Plăcinte cu carne şi pui ...... 165
66. Plăcinte pentru micul dejun cu ouă ...... 166
67. Plăcinte cu brânză şi cârnaţi ...... 168
68. Rozmarin, Plăcinte cu cârnaţi de pui ...... 170

69. Plăcintă cu pui ..................................................................172
70. plăcintă cu elani ............................................................174
## Plăcinte cu cereale și paste ................................................ 176
71. Plăcintă cu tamale nu atât de banal...............................177
72. S paghetti meatball pie.................................................179
73. Plăcintă cu tăiței cu susan și spanac ............................181
74. I talian spaghetti pie.....................................................183
75. Plăcintă cu porumb ......................................................185
## Plăcinte PICANTE ..................................................................... 187
76. Plăcintă cu caramel de modă veche.............................188
77. Plăcintă cu mere cu scorțișoară și zahăr......................190
78. Plăcintă cu mere cu caramel în tigaie murdară...........193
79. Plăcinte cu parfait cu moale de ouă .............................196
80. Plăcintă cu Tiramisu cu Mirodenii de Dovleac............198
81. Plăcintă cu chiflă cu scorțișoară...................................200
82. Înghețată cu scorțișoară cu fulgi de ovăz ....................203
83. Plăcintă cu nucă de cocos Amaretto ............................205
84. Plăcintă cu cremă Amish..............................................207
## PÂCINTE WHOPIE ..................................................................... 209
85. Tiramisu Whoopie Pies .................................................210
86. Plăcintă cu melasă ........................................................213
87. Plăcintă whoopie cu fulgi de ovăz ................................215
## Plăcinte ..................................................................................... 217
88. Plăcintă cu ciuperci și vițel ..........................................218
89. Plăcintă cu pui cu cheddar ...........................................221
90. Plăcintă cu oală de porc de la fermă............................223
91. Plăcintă cu homar..........................................................225
92. Plăcintă cu friptură.......................................................228
93. Plăcintă asiatică cu pui .................................................230
## PLĂCINTE CU CARNE ................................................................. 233
94. Plăcinte tocate Baileys ..................................................234
95. Plăcintă cu mere ............................................................237
96. Plăcintă tocată cu streusel cu mere..............................239
97. Plăcintă tocată cu afine .................................................241
98. Placinta tocata cu blat de lamaie ..................................243
99. Plăcintă tocată cu livadă ...............................................246
100. Plăcintă tocată cu smântână.........................................248
## CONCLUZIE ...............................................................................250

# INTRODUCERE

De la clasice, cum ar fi plăcinta cu mere, până la noile favorite, cum ar fi plăcinta cu mătase moka, această listă cu cele mai bune rețete de plăcintă are câte ceva pentru toată lumea. Există chiar și opțiuni fără coacere pentru cei care nu sunt mari la coacere. Desigur, pentru multe dintre aceste rețete, puteți alege dintre o crustă de prăjituri presată, o crustă de plăcintă cu unt sau un foietaj. Și când toate celelalte nu reușesc, ridicați doar o crustă cumpărată din magazin. Nu este nimic în neregulă cu o comandă rapidă cumpărată din magazin și vă va economisi o mulțime de timp când faceți plăcinta cu bezea cu lămâie! Dar indiferent de rețeta de plăcintă pe care o alegeți, nu uitați să spargeți lingurile de înghețată sau frișcă pentru topping!

# REȚETE DE BAZĂ

# 1. Pesmet de plăcintă

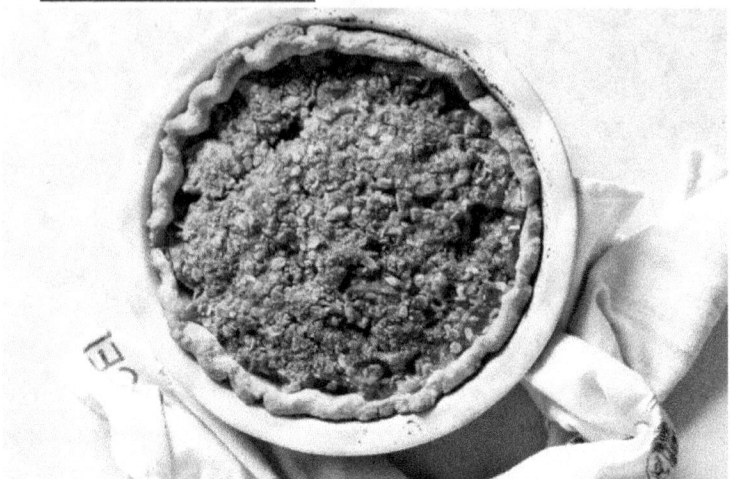

FACE Aproximativ 350 G (2¾ CANI)
**INGREDIENTE:**
1. 240 g faina [1½ cani]
2. 18 g zahăr [2 linguri]
3. 3 g sare cușer [¾ linguriță]
4. 115 g unt, topit [8 linguri (1 baton)]
5. 20 g apă [1½ linguriță]

**Directii**

a) Încinge cuptorul la 350°F.
b) Combinați făina, zahărul și sarea în vasul unui mixer cu suport echipat cu accesoriul cu paletă și cu paleta la viteză mică până se amestecă bine.
c) Adăugați untul și apa și vâsliți la viteză mică până când amestecul începe să se adune în grupuri mici.
d) Întindeți ciorchinii pe o tavă tapetată cu pergament sau cu Silpat. Coaceți timp de 25 de minute, despărțindu-le din când în când. Firimiturile trebuie să fie maro auriu și încă ușor umede la atingere în acel moment; se vor usca și se vor întări pe măsură ce se răcesc.
e) Lăsați firimiturile să se răcească complet înainte de utilizare.

## 2. Glazură cu firimituri de plăcintă

FACE APROBATII 220 G (¾ CANA), SAU SUFICIENȚĂ PENTRU 2 PRĂJTIRI PE STRATURI DE PĂCINTĂ DE MERE

**INGREDIENTE:**
- ½ porție Crumb de plăcintă
- 110 g lapte [½ cană]
- 2 g sare cușer [½ linguriță]
- 40 g unt, la temperatura camerei [3 linguri]
- 40 g zahăr de cofetă [¼ cană]

**Directii**

a) Combinați firimiturile de plăcintă, laptele și sarea într-un blender, dați viteza la mediu-mare și treceți până la omogenizare și omogenizare. Va dura 1 până la 3 minute (în funcție de extraordinaritatea blenderului dvs.). Dacă amestecul nu se prinde de lama blenderului, opriți blenderul, luați o linguriță mică și răzuiți părțile laterale ale recipientului, amintindu-vă să răzuiți sub lamă, apoi încercați din nou.

b) Combinați untul și zahărul de cofetarie în vasul unui mixer cu suport prevăzut cu accesoriul cu paletă și smântâniți la foc mediu-mare timp de 2 până la 3 minute, până devine pufos și galben pal. Răzuiți părțile laterale ale vasului cu o spatulă.

c) La viteză mică, introduceți conținutul blenderului. După 1 minut, porniți viteza la mediu-mare și lăsați-o să rupă încă 2 minute. Răzuiți părțile laterale ale vasului. Dacă amestecul nu are o culoare uniformă, foarte palid, abia cafeniu, dați bolului încă o răzuire în jos și încă un minut de vâslire de mare viteză.

d) Folosiți glazura imediat sau păstrați-l într-un recipient ermetic la frigider până la 1 săptămână.

## 3. Crusta de ciocolata

## FACE 1 (10-INCHI) CRASTĂ DE PLACINTĂ
**INGREDIENTE:**
- ¾ porție pesmet de ciocolată [260 g (1¾ căni)]
- 8 g zahăr [2 lingurițe]
- 0,5 g sare cușer [⅛ linguriță]
- 14 g unt, topit sau după nevoie [1 lingură]

### Directii
a) Pulsați firimiturile de ciocolată într-un robot de bucătărie până când devin nisipoase și nu mai rămân ciorchini mari.
b) Transferați nisipul într-un castron și, cu mâinile, amestecați cu zahărul și sarea. Adăugați untul topit și frământați-l în nisip până când este suficient de umed pentru a se frământa într-o bilă. Dacă nu este suficient de umed pentru a face acest lucru, topește încă 14 g (1 lingură) unt și frământați-l.
c) Transferați amestecul într-o formă de plăcintă de 10 inci. Cu degetele și palmele mâinilor, apăsați crusta de ciocolată ferm în tavă, asigurându-vă că fundul și părțile laterale ale formei de plăcintă sunt acoperite uniform. Învelită în folie de plastic, crusta poate fi păstrată la temperatura camerei până la 5 zile sau la frigider timp de 2 săptămâni.

## 4. Crustă de plăcintă cu conținut scăzut de grăsimi

**INGREDIENTE:**
- ⅓ cană (80 ml) ulei de canola
- 1⅓ cani (160 g) de faina
- 2 linguri (30 ml) apa rece

**Directii**
a) Adăugați ulei în făină și amestecați bine cu o furculiță. Stropiți cu apă și amestecați bine. Cu mâinile, presați aluatul într-o bilă și aplatizați. Rulați între două bucăți de hârtie cerată.
b) Scoateți bucata de sus de hârtie cerată, răsturnați peste farfuria de plăcintă și îndepărtați cealaltă bucată de hârtie cerată. Apăsați pe loc.
c) Pentru plăcintele care nu necesită umplutură coaptă, coaceți la 400 ° F (200 ° C sau marca de gaz 6) timp de 12 până la 15 minute sau până se rumenesc ușor.

## 5. crusta Graham

FACE Aproximativ 340 G (2 CANI)
**INGREDIENTE:**
- 190 g firimituri de biscuiți Graham 1½ cani]
- 20 g lapte praf [¼ cană]
- 25 g zahăr [2 linguri]
- 3 g sare cușer [¾ linguriță]
- 55 g unt, topit sau după cum este necesar [4 linguri (½ baton)]
- 55 g smântână groasă [¼ cană]

**Directii**

a) Aruncați firimiturile Graham, laptele praf, zahărul și sarea cu mâinile într-un castron mediu pentru a distribui uniform ingredientele uscate.
b) Bateți untul și smântâna groasă împreună.
c) Adăugați la ingredientele uscate și amestecați din nou pentru a se distribui uniform.
d) Untul va acționa ca un lipici, aderând la ingredientele uscate și transformând amestecul într-o grămadă de grupuri mici. Amestecul ar trebui să-și mențină forma dacă este strâns strâns în palma mâinii. Dacă nu este suficient de umed pentru a face acest lucru, topește încă 14 până la 25 g (1 până la 1½ lingurițe) de unt și amestecă-l.

## 6. Aluatul de mama

Produce aproximativ 850 G (2 LIBRE)

**INGREDIENTE:**
- 550 g făină [3½ căni]
- 12 g sare cușer [1 lingură]
- 3,5 g drojdie uscată activă [½ pachet sau 1⅛ linguriță]
- 370 g apă, la temperatura camerei [1¾ cani]

**Directii**
a) Combinați pentru a face un aluat

**Plăcinte cu cremă**

## 7. Mini plăcinte cu căpșuni și cremă

Face: 2 portii

**INGREDIENTE:**
- 3 linguri de smantana, grea
- 1 albus de ou, pentru periaj
- 1 aluat de plăcintă
- 2 linguri de migdale
- 1 cană căpșuni, feliate

**INSTRUCȚIUNI:**
a) Aplatizați aluatul și tăiați-l în cercuri de 3 inci.
b) Întindeți căpșuni, migdale și smântână în centrul aluatului.
c) Ungeți marginile cu albuș și acoperiți-l cu alt aluat.
d) Apăsați marginile cu furculița.
e) Se prăjește la aer la 360 de grade timp de 10 minute.

## 8. Plăcintă cu cremă de ciocolată

Face: 7 portii

## INGREDIENTE:
**CRASTĂ DE PĂCANĂ (FACE 1 CRASTĂ DE PĂCINĂ):**
- 1 cană de făină universală
- 1 cană nuci pecan tocate mărunt
- 4 uncii de unt topit

**Umplutură cu cremă (FACE 1 umplutură de plăcintă):**
- 1 cană lapte integral
- 1 cană jumătate și jumătate
- 1 cană de zahăr granulat
- ¼ cană amidon de porumb
- 3 galbenusuri de ou
- 1 ou intreg
- 1 cană ciocolată Ghirardelli 60% cacao
- 1 lingura extract de vanilie

**Umplutura cu crema de branza:**
- 1 cană smântână grea pentru frișcă
- 8 uncii de cremă de brânză
- 1 cană de zahăr pudră

**TOPPING BITUIT:**
- 2 cesti de frisca grea pentru frisca
- ½ cană de zahăr pudră

**ASAMBLARE:**
- Crusta de plăcintă pregătită și răcită
- ¾ cană de umplutură cu cremă de brânză
- Crema preparata si racita
- Topping bătut
- Aproximativ 2 linguri de chipsuri de ciocolata Ghirardelli 60% cacao tocate

## INSTRUCȚIUNI:
**PENTRU CRASTĂ DE PĂCANĂ**
a) Combinați toate ingredientele cu mâinile.
b) Apăsați într-o tavă de plăcintă de 9 inci înălțime. Asigurați-vă că apăsați uniform pe toată farfuria de plăcintă, acordând o

atenție deosebită grosimii colțurilor. Nu ar trebui să existe crăpături.
c) Coaceți crusta la 375 de grade timp de aproximativ 15 minute, verificând starea de coacere la 10 minute.
d) Se răcește pe un grătar timp de cel puțin 45 de minute.

**PENTRU UMPLUREA CRISTĂLOR**
e) Folosind o cratiță, combinați laptele și jumătate și jumătate. Se incinge la foc mic pana se incalzeste, avand grija sa nu opari laptele.
f) Într-un castron separat, amestecați zahărul și amidonul de porumb. Odată combinat, adăugați gălbenușurile de ou și ou întreg în amestecul de amidon de porumb.
g) Se călește amestecul de lapte/jumătate și jumătate în amestecul de ouă.
h) Turnați INGREDIENTE combinate : în aceeași cratiță și reveniți la foc mediu, amestecând tot timpul. NU plecați – continuați să bateți.
i) După ce amestecul s-a îngroșat până la o consistență de budincă, se ia de pe foc. Adăugați vanilia la sfârșit.
j) Puneți chipsurile de ciocolată într-un recipient de 2 litri. Puneți la microunde la intervale de 30 de secunde, amestecând între intervale, până se topește. Adaugati ciocolata topita in crema pana se omogenizeaza bine.
k) Acoperiți cu folie de plastic pentru a evita formarea pielii. Se da la frigider pentru cel putin 45 de minute pana se raceste.

**Umplutura cu crema de branza:**
l) Folosind mixerul cu stand, bateți smântâna grea până la vârfuri tari. Pus deoparte.
m) Folosind mixerul cu stand, amestecați crema de brânză până se înmoaie. Adăugați încet zahărul pudră la crema de brânză și amestecați până la omogenizare.
n) Adauga frisca in amestecul de crema de branza. Se amestecă până se combină bine.

**TOPPING BITUIT:**
o) Folosind mixerul cu stand, bateți smântâna grea până la vârfuri medii.

p) Adăugați zahăr și continuați să bateți până se formează vârfuri tari. NU bateți în exces.

**ASAMBLARE:**

q) Întindeți uniform umplutura cu cremă de brânză pe partea inferioară a crustei de plăcintă.
r) Acoperiți umplutura cu cremă de brânză cu umplutură de cremă pregătită și răcită.
s) Acoperiți plăcinta cu topping bătut.
t) Se presară cu fulgi de ciocolată tocate.

## 9. Plăcintă cu cremă de banane

Face: 7 portii

**INGREDIENTE:**
**CRASTĂ DE PĂCANĂ (FACE 1 CRASTĂ DE PĂCINĂ):**
- 1 cană de făină universală
- 1 cană nuci pecan tocate mărunt
- 4 uncii de unt topit

**Umplutură cu cremă (FACE 1 umplutură de plăcintă):**
- 1 cană lapte integral
- 1 cană jumătate și jumătate
- 1 cană de zahăr granulat
- ¼ cană amidon de porumb
- 3 galbenusuri de ou
- 1 ou intreg
- 1 lingura extract de vanilie

**Umplutura cu crema de branza:**
- 1 cană smântână grea pentru frișcă
- 8 uncii de cremă de brânză
- 1 cană de zahăr pudră

**TOPPING BITUIT:**
- 2 cesti de frisca grea pentru frisca
- ½ cană de zahăr pudră

**ASAMBLARE:**
- Crusta de plăcintă pregătită și răcită
- ¾ cană de umplutură cu cremă de brânză
- 2 banane feliate pe bias
- Crema preparata si racita
- Topping bătut
- Aproximativ 2 linguri de nuci pecan tocate

## INSTRUCȚIUNI:
### CRASTĂ DE PĂCANĂ:
a) Combinați toate ingredientele cu mâinile.
b) Apăsați într-o tavă de plăcintă de 9 inci înălțime. Asigurați-vă că apăsați uniform pe toată farfuria de plăcintă, acordând o atenție deosebită grosimii colțurilor. Nu ar trebui să existe crăpături.
c) Coaceți crusta la 375 de grade timp de aproximativ 15 minute, verificând starea de coacere la 10 minute.
d) Se răcește pe un grătar timp de cel puțin 45 de minute.

**Umplutură cu cremă:**
e) Folosind o cratiță, combinați laptele și jumătate și jumătate. Se încinge la foc mic pana se incalzeste, avand grija sa nu opari laptele.
f) Într-un castron separat, amestecați zahărul și amidonul de porumb. Odată combinat, adăugați gălbenușurile de ou și ou întreg în amestecul de amidon de porumb.
g) Se calește amestecul de lapte/jumătate și jumătate în amestecul de ouă.
h) Turnați INGREDIENTE combinate : în aceeași cratiță și reveniți la foc mediu, amestecând tot timpul. NU plecați – continuați să bateți.
i) După ce amestecul s-a îngroșat până la o consistență de budincă, se ia de pe foc. Adăugați vanilia la sfârșit.
j) Acoperiți cu folie de plastic pentru a evita formarea pielii. Se da la frigider pentru cel putin 45 de minute pana se raceste.

**Umplutura cu crema de branza:**
k) Folosind mixerul cu stand, bateți smântâna grea până la vârfuri tari. Pus deoparte.
l) Folosind mixerul cu stand, amestecați crema de brânză până se înmoaie. Adăugați încet zahărul pudră la crema de brânză și amestecați până la omogenizare.
m) Adauga frisca in amestecul de crema de branza. Se amestecă până se combină bine.

**TOPPING BĂTUT:**

n) Folosind mixerul cu stand, bateți smântâna grea până la vârfuri medii.
o) Adăugați zahăr și continuați să bateți până se formează vârfuri tari. NU bateți în exces.

**ASAMBLARE:**

p) Întindeți uniform umplutura cu cremă de brânză pe partea inferioară a crustei de plăcintă.
q) Puneți-vă bananele tăiate în straturi peste umplutura cu cremă de brânză.
r) Acoperiți bananele cu umplutură de cremă pregătită și răcită.
s) Acoperiți plăcinta cu topping bătut și nuci pecan tocate.

## 10. Plăcintă cu înghețată cu lapte de cereale

FACE 1 PLAINTA (10-INCH); PORTI 8 PÂNĂ 10

**INGREDIENTE:**
- ½ porție Cornflake Crunch [180 g (2 căni)]
- 25 g unt, topit [2 linguri]
- 1 porție de înghețată cu lapte de cereale

**Directii**

a) Cu ajutorul mâinilor, sfărâmați fulgii de porumb la jumătate din dimensiunea lor.

b) Aruncă untul topit în fulgii de porumb mărunțiți, amestecând bine. Folosind degetele și palmele mâinilor, apăsați bine amestecul într-o formă de plăcintă de 10 inci, asigurându-vă că fundul și părțile laterale ale formei de plăcintă sunt acoperite uniform. Învelită în plastic, crusta poate fi congelată până la 2 săptămâni.

c) Folosiți o spatulă pentru a întinde înghețata în coaja plăcintei. Congelați plăcinta pentru cel puțin 3 ore sau până când înghețata este înghețată suficient de tare, astfel încât plăcinta să fie ușor de tăiat și servit. Învelită în folie de plastic, plăcinta se va păstra 2 săptămâni la congelator.

## 11. PB și J plăcintă

FACE 1 PLAINTA (10-INCH); PORTI 8 PÂNĂ 10

**INGREDIENTE:**
- 1 porție Ritz Crunch necopt
- 1 porție Nougat cu unt de arahide
- 1 porție Sorbet Concord Grape
- ½ porție Sos de struguri Concord

**Directii**
a) Încinge cuptorul la 275°F.
b) Apăsați crunch-ul Ritz într-o formă de plăcintă de 10 inci. Folosind degetele și palmele mâinilor, apăsați ferm crunchul, asigurându-vă că acoperiți fundul și părțile laterale uniform și complet.
c) Puneți tava pe o tavă și coaceți 20 de minute. Crusta Ritz ar trebui să fie puțin mai aurie și puțin mai adâncă în bunătate untoasă decât crocantul cu care ați început. Răciți complet crusta Ritz crunch; învelită în plastic, crusta poate fi congelată până la 2 săptămâni.
d) Împrăștiați nuga cu unt de arahide peste fundul crustei de plăcintă și apoi apăsați-o ușor pentru a forma un strat plat. Congelați acest strat timp de 30 de minute sau până când este rece și ferm. Scoateți sorbetul pe nuga și întindeți-l într-un strat uniform. Pune plăcinta la congelator până când sorbetul se întărește, 30 de minute până la 1 oră.
e) Se pune sosul de struguri Concord deasupra plăcintei și, lucrând rapid, se întinde uniform peste sorbet.
f) Pune plăcinta înapoi în congelator până când este gata să fie feliată și servită. Învelită (ușor) în plastic, plăcinta poate fi congelată până la 1 lună.

## 12. Plăcintă cu cremă de banane

FACE 1 PLAINTA (10-INCH); PORTI 8 PÂNĂ 10

**INGREDIENTE:**
- 1 portie de crema de banane
- 1 porție Crustă de ciocolată
- 1 banană, doar coaptă, feliată

**crema de banane**
- 225 g banane
- 75 g smântână groasă [⅓ cană]
- 55 g lapte [¼ cană]
- 100 g zahăr [½ cană]
- 25 g amidon de porumb [2 linguri]
- 2 g sare cușer [½ linguriță]
- 3 galbenusuri de ou
- 2 foi de gelatina
- 40 g unt [3 linguri]
- 25 de picături colorant alimentar galben [½ linguriță]
- 160 g smântână groasă [¾ cană]
- 160 g zahăr de cofetarie [1 cană]

**Directii**

a) Turnați jumătate din crema de banane în coajă de plăcintă. Acoperiți-l cu un strat de banane feliate, apoi acoperiți bananele cu crema de banane rămasă. Plăcinta trebuie păstrată la frigider și mâncată într-o zi de la preparare.

b) Combinați bananele, smântâna și laptele într-un blender și faceți piure până la omogenizare totală.

c) Adăugați zahărul, amidonul de porumb, sarea și gălbenușurile și continuați să amestecați până la omogenizare. Turnați amestecul într-o cratiță medie. Curățați recipientul blenderului.

d) Infloreste gelatina.

e) Bateți conținutul tigaii și încălziți la foc mediu-mic. Pe măsură ce amestecul de banane se încălzește, se va îngroșa. Aduceți la fierbere și apoi continuați să amestecați energic timp de 2 minute pentru a găti complet amidonul. Amestecul va semăna cu un lipici gros, mărginit de ciment, cu o culoare care să se potrivească.

f) Turnați conținutul tigaii în blender. Adăugați gelatina înflorită și untul și amestecați până când amestecul este omogen și uniform. Colorează amestecul cu colorant alimentar galben până când devine un galben strălucitor de desen animat-banana.

g) Transferați amestecul de banane într-un recipient sigur pentru căldură și puneți-l la frigider pentru 30 până la 60 de minute - atâta timp cât este nevoie să se răcească complet.

h) Folosind un tel sau un mixer cu accesoriul pentru tel, bate frisca si zaharul de cofetari la varfuri mediu-moale.

i) Adăugați amestecul rece de banane la frișcă și amestecați încet până când se colorează uniform și se omogenizează. Păstrată într-un recipient ermetic, crema de banane se păstrează proaspătă până la 5 zile la frigider.

## 13. Plăcintă cu brownie

FACE 1 PLAINTA (10-INCH); PORTI 8 PÂNĂ 10

**INGREDIENTE:**
- ¾ porție Crustă Graham [255 g (1½ cani)]
- 125 g ciocolată 72% [4½ uncii]
- 85 g unt [6 linguri]
- 2 oua
- 150 g zahăr [¾ cană]
- 40 g făină [¼ cană]
- 25 g cacao pudră
- 2 g sare cușer [½ linguriță]
- 110 g smântână groasă [½ cană]

**Directii**
a) Încinge cuptorul la 350°F.
b) Turnați 210 g (1¼ cană) de crustă Graham într-o tavă de plăcintă de 10 inchi și lăsați restul de 45 g (¼ cană) deoparte. Cu degetele și palmele mâinilor, apăsați crusta ferm în tava de plăcintă, acoperind complet fundul și părțile laterale ale tăvii. Învelită în plastic, crusta poate fi refrigerată sau congelată până la 2 săptămâni.
c) Combinați ciocolata și untul într-un castron potrivit pentru cuptorul cu microunde și topește-le ușor împreună la foc mic timp de 30 până la 50 de secunde. Folosiți o spatulă rezistentă la căldură pentru a le amesteca, lucrând până când amestecul este lucios și neted.
d) Combinați ouăle și zahărul în vasul unui mixer cu suport prevăzut cu accesoriul pentru tel și bateți împreună la mare putere timp de 3 până la 4 minute, până când amestecul devine pufos și galben pal și a ajuns la starea de panglică. (Desprindeți telul, înfundați-l în ouăle bătute și agitați-l înainte și înapoi ca un pendul: amestecul trebuie să formeze o panglică îngroșată, mătăsoasă, care să cadă și apoi să dispară în aluat.) Dacă amestecul nu formează panglici, continuați biciuind la mare după cum este nevoie.

e) Înlocuiți telul cu accesoriul paletă. Turnați amestecul de ciocolată în ouă și amestecați pentru scurt timp la foc mic, apoi creșteți viteza la medie și agitați amestecul timp de 1 minut sau până când devine maro și complet omogen. Dacă există dungi negre de ciocolată, vâsliți câteva secunde mai mult sau după cum este necesar. Răzuiți părțile laterale ale vasului.
f) Adăugați făina, pudra de cacao și sarea și vâsliți la viteză mică timp de 45 până la 60 de secunde. Nu ar trebui să existe aglomerări de ingrediente uscate. Dacă există cocoloașe, amestecați încă 30 de secunde. Răzuiți părțile laterale ale vasului.
g) Introduceți smântâna groasă la viteză mică, amestecând timp de 30 până la 45 de secunde, doar până când aluatul s-a desfășurat puțin și dungile albe de smântână sunt complet amestecate. Răzuiți părțile laterale ale bolului.
h) Desprindeți paleta și scoateți vasul din mixer. Încorporați ușor crusta Graham de 45 g (¼ cană) cu o spatulă.
i) Luați o tavă și puneți pe ea forma de plăcintă cu crustă Graham. Cu o spatulă, răzuiți aluatul de brownie în coaja Graham. Coaceți timp de 25 de minute. Plăcinta trebuie să se umfle ușor pe părțile laterale și să dezvolte o crustă de zahăr deasupra. Dacă plăcinta cu brownie este încă lichidă în centru și nu a format o crustă, coaceți-o încă 5 minute sau cam așa ceva.
j) Răciți plăcinta pe un gratar. (Puteți accelera procesul de răcire transferând cu atenție plăcinta în frigider sau congelator direct din cuptor dacă vă grăbiți.) Învelită în plastic, plăcinta se va păstra proaspătă în frigider până la 1 săptămână sau la congelator până la 2 săptămâni.

**14. Plăcintă cu lăcuste**

FACE 1 PLAINTA (10-INCH); PORTI 8 PÂNĂ 10

**INGREDIENTE:**
- 1 porție Brownie Pie, preparată la pasul 8
- 1 porție umplutură de prăjitură cu brânză cu mentă
- 20 g mini chipsuri de ciocolată [2 linguri]
- 25 g mini marshmallows [½ cană]
- 1 porție Glazură de mentă, caldă

**Directii**
a) Încinge cuptorul la 350°F.
b) Luați o tavă și puneți pe ea forma de plăcintă cu crustă Graham. Turnați umplutura de cheesecake cu mentă în coajă. Turnați aluatul de brownie deasupra. Folosiți vârful unui cuțit pentru a învârti aluatul și umplutura de mentă, tachinând dungile de umplutură de mentă, astfel încât să apară prin aluatul de brownie.
c) Presărați mini-chipsurile de ciocolată într-un inel mic în centrul plăcintei, lăsând centrul de ochi de taur gol. Presărați mini marshmallows într-un inel în jurul inelului de bucăți de ciocolată.
d) Coaceți plăcinta timp de 25 de minute. Ar trebui să umfle ușor pe margini, dar să fie totuși agitat în centru. Mini-fulgii de ciocolată vor arăta de parcă încep să se topească, iar mini marshmallow-urile ar trebui să fie bronzate uniform. Lăsați plăcinta la cuptor încă 3-4 minute dacă nu este cazul.
e) Răciți complet plăcinta înainte de a o termina.
f) Asigurați-vă că glazura este încă caldă la atingere. Puneți dinții unei furculițe în glazura caldă, apoi atârnă furculița la aproximativ 1 inch deasupra centrului ochiului de taur al plăcintei.
g) Transferați plăcinta la frigider, astfel încât glazura de mentă să se întărească înainte de servire - ceea ce se va întâmpla imediat ce se răcește, aproximativ 15 minute. Învelită în plastic, plăcinta se va păstra proaspătă la frigider până la 1 săptămână sau la congelator până la 2 săptămâni.

## 15. Plăcintă blondă

FACE 1 PLAINTA (10-INCH); PORTI 8 PÂNĂ 10

**INGREDIENTE:**
- ¾ porție Crustă Graham
- [255 g (1½ cani)]
- 1 porție umplutură de plăcintă blondă
- 1 porție Praline de caju

**PENTRU Umplutura**
- 160 g ciocolată albă [5½ uncii]
- 55 g unt [4 linguri (½ baton)]
- 2 galbenusuri de ou
- 40 g zahăr [3 linguri]
- 105 g smântână groasă [½ cană]
- 52 g făină [⅓ cană]
- ½ porție Caju Brittle
- 4 g sare cușer [1 linguriță]

**Directii**

a) Combinați ciocolata albă și untul într-un castron potrivit pentru cuptorul cu microunde și topiți-le ușor la mediu, în trepte de 30 de secunde, amestecând între explozii. După ce s-a topit, amestecați amestecul până la omogenizare.

b) Puneți gălbenușurile și zahărul într-un castron mediu și amestecați până la omogenizare. Se toarnă amestecul de ciocolată albă și se amestecă. Stropiți încet smântâna groasă și amestecați pentru a se combina.

c) Amestecați făina, cajuul fragil și sarea într-un castron mic, apoi pliați-le cu grijă în umplutură. Utilizați imediat sau păstrați într-un recipient ermetic la frigider până la 2 săptămâni.

**PENTRU Umplutura**

d) Încinge cuptorul la 325°F.

e) Turnați crusta Graham într-o tavă de plăcintă de 10 inci. Cu degetele și palmele, apăsați crusta ferm în tava de plăcintă, acoperind uniform fundul și părțile laterale. Dați deoparte în timp ce faceți umplutura. Învelită în plastic, crusta poate fi refrigerată sau congelată până la 2 săptămâni.

f) Puneți forma de plăcintă pe o tavă și turnați umplutura de plăcintă blondie. Coaceți plăcinta timp de 30 de minute. Se va fixa ușor în centru și se va închide la culoare. Adăugați 3 până la 5 minute dacă nu este cazul. Se lasa sa se raceasca la temperatura camerei.

g) Chiar înainte de servire, acoperiți blatul plăcintei cu pralina de caju.

## 16. Plăcintă cu bomboane

FACE 1 PLAINTA (10-INCI); PORȚII 8

**INGREDIENTE:**
- 1 porție de caramel sărat, topit
- 1 porție Crustă de ciocolată, la frigider
- 8 mini covrigei
- 1 porție Nougat cu unt de arahide
- 45 g ciocolată 55% [1½ uncii]
- 45 g ciocolată albă [1½ uncii]
- 20 g ulei de sâmburi de struguri [2 linguri]

**Directii**
a) Se toarnă caramelul sărat în crustă. Pune-l la frigider pentru cel puțin 4 ore, sau peste noapte.
b) Încinge cuptorul la 300°F.
c) Întindeți covrigii pe o tavă și prăjiți timp de 20 de minute. Se da deoparte la racit.
d) Luați plăcinta de la frigider și acoperiți fața caramelului întărit cu nuga. Folosiți palmele pentru a apăsa și netezi nuga într-un strat uniform. Puneți plăcinta la frigider și lăsați nuga să se întărească timp de 1 oră.
e) Pregătiți o glazură de ciocolată combinând ciocolata și uleiul într-un castron sigur pentru cuptorul cu microunde și topindu-le ușor la mediu, în trepte de 30 de secunde, amestecând între explozii. Odată ce ciocolata este topită, amestecați amestecul până când devine omogen și strălucitor. Folosiți glazura în aceeași zi sau păstrați într-un recipient ermetic la temperatura camerei timp de până la 3 săptămâni.
f) Terminați acea plăcintă: scoateți-o din frigider și, folosind o pensulă de patiserie, vopsiți peste nuga un strat subțire de glazură de ciocolată, acoperind-o complet. (Dacă glazura s-a întărit, încălziți-o ușor, astfel încât să fie ușor de pictat pe plăcintă.) Aranjați covrigii uniform pe marginile plăcintei. Folosește pensula de patiserie pentru a vopsi glazura de ciocolată rămasă într-un strat subțire peste covrigi, sigilându-le prospețimea și aroma.

g) Pune plăcinta la frigider pentru cel puțin 15 minute pentru a se întări ciocolata. Învelită în plastic, plăcinta se va păstra proaspătă la frigider 3 săptămâni sau la congelator până la 2 luni; decongelati inainte de servire.

a) Tăiați plăcinta în 8 felii, folosind covrigii ca ghid: fiecare felie trebuie să aibă pe ea un covrig întreg.

## 17. Bezea cu lămâie-plăcintă cu fistic

FACE 1 PLAINTA (10-INCH); PORTI 8 PÂNĂ 10

**INGREDIENTE:**
- 1 porție Crunch cu fistic
- 15 g ciocolată albă, topită [½ uncie]
- ¼ porție Lemon Curd [305 g (1⅓ cani)]
- 200 g zahăr [1 cană]
- 100 g apă [½ cană]
- 3 albusuri
- ⅓ porție Lemon Curd [155 g (¼ cană)]

**Directii**

a) Turnați crocantul de fistic într-o tavă de plăcintă de 10 inci. Cu degetele și palmele mâinilor, apăsați ferm crunchul în tava de plăcintă, asigurându-vă că fundul și părțile laterale sunt acoperite uniform. Dați deoparte în timp ce faceți umplutura; invelita in plastic, crusta poate fi refrigerata, pana la 2 saptamani.

b) Cu ajutorul unei pensule de patiserie, vopsiți un strat subțire de ciocolată albă pe partea de jos și în sus pe părțile laterale ale crustei. Pune crusta la congelator timp de 10 minute pentru a se fixa ciocolata.

c) Puneți 305 g (1⅓ căni) de lemon curd într-un castron mic și amestecați pentru a se slăbi puțin. Răzuiți coagul de lămâie într-o crustă și folosiți dosul unei linguri sau o spatulă pentru a-l întinde într-un strat uniform. Puneți plăcinta la congelator pentru aproximativ 10 minute pentru a ajuta la fixarea stratului de lemon curd.

d) Între timp, combinați zahărul și apa într-o cratiță mică cu fundul greu și spălați ușor zahărul în apă până când se simte ca nisipul umed. Puneți cratita la foc mediu și încălziți amestecul până la 115°C (239°F), ținând evidența temperaturii cu un termometru cu citire instantanee sau cu bomboane.

e) În timp ce zahărul se încălzește, puneți albușurile spumă în bolul unui mixer și, cu accesoriul pentru tel, începeți să le bateți până la vârfuri mediu-moale.

f) Odată ce siropul de zahăr ajunge la 115°C (239°F), scoateți-l de pe foc și turnați-l cu mare grijă în albușurile spumă, asigurându-vă că evitați telul: reduceți mixerul la viteză foarte mică înainte de a face acest lucru, dacă nu vrei niște urme interesante de arsuri pe față.

g) Odată ce tot zahărul este adăugat cu succes în albușuri, măriți viteza mixerului și lăsați bezeaua să bată până se răcește la temperatura camerei.

h) În timp ce bezeaua se bate, puneți cele 155 g (¼ de cană) lemon curd într-un castron mare și amestecați, folosind o spatulă, pentru a se slăbi puțin.

i) Când bezeaua s-a răcit la temperatura camerei, opriți mixerul, scoateți vasul și îndoiți bezeaua în cheașul de lămâie cu spatula până când nu rămân dungi albe, având grijă să nu dezumflați bezeaua.

j) Scoateți plăcinta din congelator și puneți bezea de lămâie deasupra lemon curd. Cu o lingură, întindeți bezeaua într-un strat uniform, acoperind complet lemon curd.

k) Serviți sau păstrați plăcinta la congelator până când este gata de utilizare. Învelit strâns în folie de plastic, odată înghețat tare, se va păstra la congelator până la 3 săptămâni. Lasati placinta sa se dezghete peste noapte la frigider sau cel putin 3 ore la temperatura camerei inainte de servire.

## 18. Plăcintă cu crack

FACE 2 plăcinte (10 inci); FIECARE SERVIE DE LA 8 LA 10
**INGREDIENTE:**
- 1 porție prăjitură de ovăz
- 15 g zahăr brun deschis [1 lingură bine ambalată]
- 1 g sare [¼ linguriță]
- 55 g unt, topit sau după cum este necesar [4 linguri (½ baton)]
- 1 porție umplutură de plăcintă cu crack
- zahăr de cofetar, pentru pudrat

**PENTRU Umplutura**
- 300 g zahăr granulat [1½ cană]
- 180 g zahăr brun deschis [¾ cană bine ambalat]
- 20 g lapte praf [¼ cană]
- 24 g pudră de porumb [¼ cană]
- 6 g sare kosher [1½ linguriță]
- 225 g unt, topit [16 linguri (2 bețișoare)]
- 160 g smântână groasă [¾ cană]
- 2 g extract de vanilie [½ linguriță]
- 8 gălbenușuri de ou

**Directii**
a) Încinge cuptorul la 350°F.
b) Puneți prăjitura de ovăz, zahărul brun și sarea într-un robot de bucătărie și opriți-o până când prăjitura se descompune într-un nisip umed. (Dacă nu aveți un robot de bucătărie, îl puteți preface până când îl faceți și prăbușiți cu sârguință prăjitura de ovăz cu mâinile.)
c) Transferați firimiturile într-un castron, adăugați untul și frământați untul și amestecul de prăjituri măcinate până când sunt suficient de umede pentru a forma o bilă. Dacă nu este suficient de umed pentru a face acest lucru, topește încă 14 până la 25 g (1 până la 1½ lingurițe) de unt și frământați-l.
d) Împărțiți uniform crusta de ovăz între 2 forme de plăcintă (10 inchi). Folosind degetele și palmele mâinilor, apăsați ferm crusta de prăjituri de ovăz în fiecare formă de plăcintă, asigurându-vă că fundul și părțile laterale ale formei sunt acoperite uniform. Folosiți imediat cojile de plăcintă sau

împachetați bine în plastic și păstrați la temperatura camerei până la 5 zile sau la frigider până la 2 săptămâni.

e) Puneți ambele coji de plăcintă pe o tavă. Împărțiți uniform umplutura de plăcintă cu crack între cruste; umplutura ar trebui să le umple la trei sferturi. Coaceți doar 15 minute. Plăcintele ar trebui să fie aurii deasupra, dar vor fi totuși foarte zguduite.

f) Deschideți ușa cuptorului și reduceți temperatura cuptorului la 325°F. În funcție de cuptorul dvs., poate dura 5 minute sau mai mult pentru ca cuptorul să se răcească la noua temperatură. Păstrați plăcintele la cuptor în timpul acestui proces. Când cuptorul ajunge la 325°F, închideți ușa și coaceți plăcintele timp de încă 5 minute. Plăcintele ar trebui să fie încă agitate în centrul ochiului de taur, dar nu în jurul marginilor exterioare. Dacă umplutura este încă prea agitată, lăsați plăcintele la cuptor pentru încă 5 minute sau cam așa ceva.

g) Scoateți ușor tava cu plăcinte cu crack din cuptor și transferați-o pe un grătar pentru a se răci la temperatura camerei. (Puteți accelera procesul de răcire transferând cu atenție plăcintele în frigider sau congelator dacă vă grăbiți.) Apoi congelați plăcintele timp de cel puțin 3 ore sau peste noapte, pentru a condensa umplutura pentru un produs final dens— congelarea este tehnica semnăturii și rezultatul unei plăcinte de crack perfect executate.

h) Dacă nu serviți plăcintele imediat, înfășurați bine în folie de plastic. La frigider, se vor păstra proaspete timp de 5 zile; la congelator se vor păstra 1 lună. Transferați plăcinta (plăcintele) din congelator în frigider pentru a se dezgheța cu cel puțin 1 oră înainte de a fi gata să intrați acolo.

i) Servește-ți plăcinta cu crack! Decorați-vă plăcinta(le) cu zahăr de cofetar, fie trecând-o printr-o sită fină, fie trimițând ciupituri cu degetele.

**PENTRU Umplutura**

j) Combinați zahărul, zahărul brun, laptele praf, praf de porumb și sarea în vasul unui mixer cu suport prevăzut cu accesoriul cu paletă și amestecați la viteză mică până se omogenizează.

k) Adăugați untul topit și vâsliți timp de 2 până la 3 minute până când toate ingredientele uscate sunt umede.
l) Adăugați smântâna groasă și vanilia și continuați să amestecați la foc mic timp de 2 până la 3 minute până când orice dungi albe din cremă au dispărut complet în amestec. Răzuiți părțile laterale ale vasului cu o spatulă.
m) Adăugați gălbenușurile de ou, vâslindu-le în amestec doar pentru a se combina; aveți grijă să nu aerați amestecul, dar asigurați-vă că amestecul este lucios și omogen. Se amestecă la viteză mică până când este.
n) Utilizați umplutura imediat sau păstrați-o într-un recipient ermetic la frigider timp de până la 1 săptămână.

## 19. Plăcintă cu înghețată cu cereale din porumb dulce

FACE 1 PLAINTĂ (10–INCI); PORTI 8 PÂNĂ 10

**INGREDIENTE:**
- 225 g prăjituri de porumb [aproximativ 3 fursecuri]
- 25 g unt, topit sau la nevoie [2 linguri]
- 1 porție Umplutură de lapte de cereale de porumb dulce „înghețată".

**Directii**
a) Puneți fursecurile de porumb în robotul de bucătărie și opriți-le până când fursecurile se sfărâmă în nisip galben strălucitor.
b) Într-un castron, frământați amestecul de unt și biscuiți măcinați cu mâna până când este suficient de umed încât să formeze o minge. Dacă nu este suficient de umed pentru a face acest lucru, topește încă 14 g (1 lingură) unt și frământați-l.
c) Folosind degetele și palmele mâinilor, apăsați ferm crusta de prăjituri de porumb într-o farfurie de plăcintă de 10 inchi. Asigurați-vă că fundul și pereții farfurii de plăcintă sunt acoperite uniform. Învelită în plastic, crusta poate fi congelată până la 2 săptămâni.
d) Folosiți o spatulă pentru a răzui și întindeți umplutura de „înghețată" cu lapte de cereale în coaja plăcintei. Loviți plăcinta umplută de suprafața blatului pentru a uniformiza umplutura.
e) Congelați plăcinta pentru cel puțin 3 ore, sau până când „înghețata" este înghețată și se fixează suficient de tare pentru a fi tăiată și servită. Dacă vă păstrați feliile de rai pentru mai târziu, puteți congela plăcinta cu înghețată, învelită în plastic, timp de până la 2 săptămâni.

## 20. Plăcintă cremoasă de ricotta

Produce: 6

- **INGREDIENTE:**
- 1 crustă de plăcintă cumpărată din magazin
- 1 ½ lb. brânză ricotta
- ½ cană brânză mascarpone
- 4 oua batute
- ½ cană zahăr alb
- 1 linguri rachiu

**INSTRUCȚIUNI:**
a) Preîncălziți cuptorul la 350 de grade Fahrenheit.
b) Combinați toate **INGREDIENTELE DE UMPLUTURĂ:** într-un bol de amestecare. Apoi turnați amestecul în crustă.
c) Preîncălziți cuptorul la 350°F și coaceți timp de 45 de minute.
d) Dă plăcinta la frigider pentru cel puțin 1 oră înainte de servire.

## 21. Plăcintă cu cremă de caju-banane

Face 8 portii

**INGREDIENTE:**
- 1 1/2 cani de firimituri de fursecuri vegane cu vanilie
- 1/4 cană margarină vegană, topită
- 1/2 cană caju crude nesărate
- 1 cutie (13 uncii) de lapte de cocos neîndulcit
- 2/3 cană zahăr
- banane coapte
- 1 lingură fulgi de agar
- 1 lingurita extract pur de vanilie
- 1 lingurita extract de nuca de cocos (optional)
- Frișcă vegană, de casă sau cumpărată din magazin și nucă de cocos prăjită, pentru garnitură

**INSTRUCȚIUNI:**

a) Unge ușor fundul și părțile laterale ale unei tavi arcuite de 8 inci sau ale unei plăci de plăcintă și se lasă deoparte. Într-un robot de bucătărie, combinați firimiturile de prăjituri și margarina și pulsați până când firimiturile sunt umezite. Apăsați amestecul de pesmet în fundul și părțile laterale ale tigaii pregătite. Se da la frigider pana este nevoie.

b) Într-un blender de mare viteză, măcinați caju până la o pudră. Adăugați laptele de cocos, zahărul și una dintre banane și amestecați până la omogenizare. Răzuiți amestecul într-o cratiță, adăugați fulgii de agar și lăsați deoparte timp de 10 minute pentru a înmuia agarul. Aduceți doar la fierbere, apoi reduceți focul la mic și fierbeți, amestecând constant pentru a dizolva agarul, aproximativ 3 minute. Luați de pe foc și adăugați sucul de lămâie, vanilia și extractul de nucă de cocos, dacă este folosit. Pus deoparte.

c) Tăiați cele 2 banane rămase în felii de 1⁄4 inch și aranjați uniform în fundul preparatului.

d) tigaie. Răspândiți amestecul de caju-banane în tigaie, apoi dați la frigider până se răcește bine. Când este gata de servire, se ornează cu frișcă și nucă de cocos prăjită. Păstrați resturile acoperite la frigider.

## 22. Plăcintă cu unt de arahide – înghețată

Face 8 portii

**INGREDIENTE:**
- 1/2 cani de firimituri vegane de biscuiti cu ciocolata
- 1/4 cană margarină vegană, topită
- 1 litru de înghețată vegană de vanilie, înmuiată
- 2 cani de unt de arahide cremos
- Bucle vegane de ciocolata, pentru garnitura

**INSTRUCȚIUNI:**
a) Unge ușor fundul și părțile laterale ale unei tigăi arcuite de 9 inci și dați deoparte. Într-un robot de bucătărie, combinați firimiturile de prăjituri și margarina și procesați până când firimiturile sunt umezite. Apăsați amestecul de pesmet în tava pregătită și apăsați pe fundul și părțile laterale ale tigaii. Se da la frigider pana este nevoie.
b) Într-un robot de bucătărie, combinați înghețata și untul de arahide, amestecând până se omogenizează bine. Întindeți amestecul uniform în crusta pregătită.
c) Congelați timp de 3 ore sau peste noapte. Aduceți plăcinta la temperatura camerei timp de 5 minute și îndepărtați cu grijă părțile laterale ale tăvii arcuite. Presărați bucle de ciocolată deasupra plăcintei și serviți.

## 23. Placinta cu crema B oston

Face: 1 porție

**INGREDIENTE:**
- 1 cană de lapte
- ½ cană zahăr granulat
- 3 linguri Faina
- ⅛ linguriță de sare
- 2 gălbenușuri de ou
- 1½ linguriță de vanilie
- 2 straturi de 8 inci Boston Favorite
- Tort (vezi MM #3607)
- Zahăr de cofetar

**INSTRUCȚIUNI:**
a) Se încălzește laptele într-o tigaie până este foarte fierbinte, apoi se amestecă vioi zahărul granulat, făina și sarea. Gatiti la foc moderat, amestecand continuu, pana se ingroasa.
b) Adăugați gălbenușurile și fierbeți, continuând să amestecați, încă 4-5 minute. Luați de pe foc, adăugați vanilia și răciți, amestecând din când în când. Se acoperă bine și se dă la frigider până este gata de utilizare.
c) Întindeți crema între straturile de tort și pudrați blatul tortului cu zahăr de cofetă. Păstrați la rece.

# Plăcinte de mână

## 24. S'mores plăcinte de mână

Produce: 8 plăcinte de mână

**INGREDIENTE:**
- 1 pachet. (2 cruste) piecrusturi refrigerate nefierte
- 2 linguri. plus 2 lingurite. unt, topit
- 1 cană de marshmallow tartinat
- 4 biscuiti dubli graham, maruntiti
- 1 cană chipsuri de ciocolată semidulce
- 1 ou mare, bătut ușor

**INSTRUCȚIUNI:**
a) Încinge cuptorul la 340°F (171°C).
b) Tapetați două foi de copt cu hârtie de copt și lăsați deoparte.
c) Puneți crustele pe o suprafață de lucru cu făină și întindeți ușor cu un sucitor. Folosind un castron mic, răsturnat, cu un bol de 6 inci. (15 cm) diametru, presați în aluat pentru a decupa 8 cercuri. Ungeți fiecare cerc cu 1 linguriță de unt.
d) Așezați 2 linguri de marshmallow pe fiecare cerc. Distribuiți în mod egal firimiturile de biscuit Graham pe jumătate din toate cele 8 cercuri, lăsând o margine de ½ inch (1,25 cm). Acoperiți fiecare cu chipsuri de ciocolată semidulce.
e) Cu ajutorul unei pensule de patiserie, vopsiți marginile cercurilor cu ou. Îndoiți peste cercuri și apăsați pentru a sigila. Cu ajutorul unei furculițe, faceți adâncituri în jurul crustelor. Cu un cuțit ascuțit, faceți orificii de ventilație pentru abur.
f) Coaceți timp de 12 până la 14 minute sau până când se rumenesc. Se lasă să se răcească puțin înainte de servire.
g) Depozitare: A se păstra într-un recipient ermetic la temperatura camerei până la 3 zile.

## 25. Plăcinte de mână cu afine

Produce: 8

**INGREDIENTE:**
- 1 cană afine
- 2½ linguri de zahăr tos
- 1 lingurita suc de lamaie
- 1 praf sare
- 320 g crusta de placinta la frigider
- Apă

**INSTRUCȚIUNI:**
a) Combinați afinele, zahărul, sucul de lămâie și sarea într-un castron mediu.
b) Întindeți crustele și tăiați 6-8 cercuri separate.
c) În centrul fiecărui cerc, puneți aproximativ 1 lingură de umplutură de afine.
d) Udați marginile aluatului și pliați-l peste umplutură pentru a crea o formă de jumătate de lună.
e) Ungeți ușor marginile piecrust împreună cu o furculiță. Apoi, pe partea de sus a plăcintelor de mână, tăiați trei fante.
f) Pulverizați ulei de gătit peste plăcintele de mână.
g) Așezați-le pe SearPlate.
h) Porniți cuptorul Air Fryer și rotiți butonul pentru a selecta „Coacere".
i) Selectați cronometrul pentru 20 de minute și temperatura pentru 350 °F.
j) Când unitatea emite un bip pentru a indica că s-a preîncălzit, deschideți ușa cuptorului și introduceți SearPlate în cuptor.
k) Lăsați să se răcească două minute înainte de servire.

## 26. Plăcintă de mână cu căpșuni

Face: 1 porție

**INGREDIENTE:**
- 1 Lipiți unt
- 1¼ cană de zahăr
- 1 ou
- 3 uncii de brânză cremă
- 2 lingurite de zară
- 3 căni de făină universală
- ¼ linguriță de bicarbonat de sodiu
- 1 lingurita Praf de copt
- ½ lingurita Sare
- 1 cană conserve de căpșuni
- 2 căni de căpșuni proaspete tăiate cubulețe
- 1 lingurita suc de lamaie
- 2 lingurite coaja de lamaie

**INSTRUCȚIUNI:**
a) Pentru a face aluatul, cremăm împreună untul și zahărul cu un mixer electric. Se adauga oul si crema de branza, amestecand bine.
b) Adăugați zara și amestecați pentru a se combina. Amestecați încet făina pentru a forma un aluat. Adăugați bicarbonatul de sodiu, praful de copt și sarea. Se amesteca bine si apoi se framanta aluatul cu mainile, formand o bila.
c) Dați aluatul la frigider pentru 1 oră. Pentru a face plăcinte, întindeți aluatul și tăiați șase cercuri de 6". Pregătiți umplutura combinând conservele de căpșuni, căpșunile proaspete, sucul de lămâie și coaja de lămâie. Puneți 3 linguri de umplutură pe o parte a fiecărui cerc de aluat. Îndoiți aluatul curățați partea peste și apăsați marginile împreună cu o furculiță.
d) Coacem la 375 de grade timp de 20 de minute, pana devin aurii.

## 27. Plăcinte de mână cu mere

Face: 8-10 plăcinte de mână

**INGREDIENTE:**
- 2 căni de făină universală
- 1 lingurita sare
- 1 lingura zahar
- 3/4 de baton (3/4 cana) de scurtatura vegetala, taiata cubulete
- 4 până la 8 linguri de apă rece cu gheață

**PENTRU Umplutura**
- 2 mere mari de copt, decojite, dezlipite și tăiate cubulețe
- 3 linguri de zahar granulat
- 3 linguri de zahar brun deschis
- 1 1/2 linguriță de condiment pentru plăcintă cu mere
- 1 lingurita faina universala

**PENTRU TOPING**
- 1 ou mare
- 1 lingurita apa
- zahăr spumant, opțional

**INSTRUCȚIUNI**
**PENTRU CRASTĂ**
a) Într-un castron mare, amestecați făina, sarea și zahărul.
b) Tăiați shorteningul în amestecul de făină folosind un blender de patiserie sau două cuțite.
c) Amestecați suficientă apă cu o furculiță până când aluatul se ține împreună.
d) Formează aluatul într-o bilă și se aplatizează într-un disc rotund. Pentru ușurință în rulare, înfășurați aluatul în folie de plastic. Răciți timp de 30 de minute sau până la 2 zile.
e) Odată ce aluatul este răcit și sunteți gata să asamblați plăcintele, preîncălziți cuptorul la 400 ° F, tapetați o foaie de copt cu hârtie de copt și pregătiți umplutura.

**PENTRU Umplutura**
f) Într-un castron mediu, amestecați merele cu zaharurile, condimentele pentru plăcintă cu mere și făina.

## ASSAMBLAȚI PLACINTELE

g) Scoateți aluatul din frigider și scoateți din folie de plastic.
h) Pe o suprafață de lucru cu făină generos, rulați aluatul până când are o grosime de aproximativ 1/8 inch.
i) Folosiți o tăietură rotundă de 5 inci pentru a tăia aluatul în cercuri. Rerulați aluatul după cum este necesar pentru a crea 8-10 cercuri.
j) Adăugați o lingură grămadă de umplutură în centrul fiecărui cerc de aluat, lăsând în urmă cât mai mult lichid posibil.
k) Îndoiți cercul de aluat în jumătate și folosiți degetele sau o furculiță pentru a sigila și a sertizat marginile.
l) Așezați plăcintele de mână pe tava de copt pregătită.
m) Într-un castron mic, amestecați oul și apa.
n) Utilizați vârful unui cuțit ascuțit pentru a tăia 2 fante mici în vârful fiecărei plăcinte.
o) Folosiți o pensulă de patiserie pentru a unge ușor vârfurile plăcintelor de mână cu spălarea cu ouă. Dacă doriți, acoperiți cu zahăr spumant.
p) Coaceți în preîncălzit timp de 20-25 de minute sau până când se rumenesc.
q) Lăsați plăcintele de mână să se răcească. Dacă doriți, serviți cu sos de caramel sărat de casă.

## Plăcinte cu fructe

## 28. Plăcintă cu lime cheie

Face: 8-10

**INGREDIENTE:**
**CRUSTĂ:**
- 2 cani de nuci de macadamia
- 2 căni de nuci pecan
- 2 praf de sare
- 2-3 linguri de pasta de curmale

**UMPLERE**
- 1 cană suc de lămâie
- 1 lingurita mancare verde (optional)
- 1 cană de măsurare cu avocado umed
- 1 ½ cană lapte de cocos
- 1 cană nectar de agave
- 3 linguri sare lecitina si vanilie dupa gust
- 1 cană de nucă de cocos fără parfum

**TOPPING DE BEZEGHE**
- 1 oz. (¼ cană ambalată) înmuiat și spălat cu mușchi de mare
- ½ cană apă
- 2 cani de lapte de cocos
- ½ cană carne de cocos
- ½ cană de caju înmuiate
- 6 linguri de agave
- sare si vanilie dupa gust
- 1 ½ linguriță lecitină
- 1 cana ulei de cocos (fara parfum)

**INSTRUCȚIUNI:**
**CRUSTĂ:**
a) Pune toate ingredientele intr-un robot de bucatarie si paseaza pana se omogenizeaza.
b) Apăsați într-o farfurie de plăcintă și dați la frigider până se solidifică.

**UMPLERE**
c) Faceți lapte de cocos amestecând apa de nucă de cocos tânără cu carnea acesteia.

d) Se amestecă până la omogenizare.
e) Se toarnă în crusta de plăcintă și se lasă să se întărească la frigider.

**TOPPING DE BEZEGHE**

f) Înmuiați mușchiul timp de 30 de minute - 3 ore în apă purificată și clătiți bine și scurgeți.
g) Amestecați mușchiul de mare și apa timp de cel puțin 30 de secunde sau până când se descompune.
h) Adăugați restul INGREDIENTELOR : cu excepția lecitinei și a uleiului de cocos și amestecați până se încorporează bine.
i) În timp ce amestecați, adăugați lecitina și uleiul de nucă de cocos până când este omogen și cremos.
j) Se toarnă într-un bol și se dă la frigider până se îngroașă și se simte rece.

## 29. Plăcintă cu mere

Face: 8 Face: 1 plăcintă cu mere
- ½ cană de unt
- 1 cană de zahăr brun
- 5 mere Granny Smith, decojite, și feliate subțire
- 3 (9 inchi) cruste de plăcintă prerulate la frigider
- 1 cană de zahăr alb, împărțit
- 2 lingurițe de scorțișoară măcinată, împărțită
- ¼ cană zahăr alb
- 1 lingură de unt, tăiat în bucăți mici

**Directii**
a) Preîncălziți cuptorul la 350 de grade F (175 de grade C).
b) Pune 1/2 cană de unt într-o tigaie grea din fontă și topește untul la cuptor. Elimina tigaie și stropiți cu zahăr brun; se întoarce la cuptor să se încălzească în timp ce tu pregăti merele.
c) Scoateți tigaia și puneți 1 crustă de plăcintă la frigider deasupra zahărului brun. De sus crustă de plăcintă cu jumătate din merele tăiate felii.
d) Se presară mere cu 1/2 cană de zahăr și 1 linguriță de scorțișoară; pune o a doua crustă de plăcintă peste mere; deasupra celei de-a doua cruste cu merele rămase și stropiți cu 1/2 cană de zahăr și 1 linguriță de scorțișoară.
e) Acoperiți cu a treia crustă; presară crusta de deasupra cu 1/4 cană zahăr și punctează cu 1 lingura de unt. Tăiați 4 fante în crusta superioară pentru abur.
f) Coacem in cuptorul preincalzit pana cand merele sunt fragede si crusta devine maro aurie aproximativ 45 de minute. Serviți cald.

## 30. Plăcintă cu afine și rubarbă

Face: 7 portii

**INGREDIENTE:**
**Umplutură de plăcintă:**
- 4 cesti de rubarba proaspata tocata
- 2 cani de afine proaspete
- 2 linguri de unt topit
- 1-⅓ cană zahăr alb
- ⅔ ceașcă patru

**SĂRBĂȚIBILĂ:**
- ½ cană (1 baton) unt topit
- 1 cană de făină
- 1 cană de ovăz
- 1 cană de zahăr brun presat
- 1 lingurita scortisoara

## INSTRUCȚIUNI:
### Umplutură de plăcintă:
a) Pulverizați fundul unei tavi de plăcintă de 9 inchi adâncime cu spray.
b) Tapetați tava cu o crustă de plăcintă. Dacă faceți un blat crumble, fluturați marginile crustei înainte de a umple.
c) Întindeți ¼ de cană de făină uniform pe fundul crustei de plăcintă înainte de a adăuga umplutura de plăcintă.
d) Combinați toate umplutura de plăcintă **INGREDIENTE:** și presați în crusta de plăcintă.

### SĂRBĂȚIBILĂ:
e) Combinați toate ingredientele până se amestecă bine și se sfărâmiciază.

### COACERE:
f) Adăugați blatul de crumble la umplutura de plăcintă, răspândind uniform. Dacă folosiți o crustă de plăcintă, întindeți peste întreaga umplutură de plăcintă și apăsați marginile crustei superioare de plăcintă pe crusta de jos, canelând marginile. Faceți fâșii în crusta de sus pentru a permite plăcintei să se aburească. Pulverizați crusta de deasupra cu spray de tigaie și stropiți bine cu 5 linguri de zahăr în stare brută.
g) Acoperiți cu folie și coaceți la 350 de grade timp de 1 oră (mai puțin dacă folosiți un cuptor cu convecție)
h) Lăsați plăcinta să se răcească complet înainte de servire.

## 31. Plăcintă cu mere

Face: 7 portii

**INGREDIENTE:**

**Umplutură de plăcintă:**
- 8 mere Granny Smith, decojite și tăiate felii (7 mere dacă merele sunt foarte mari)
- 2 linguri de unt topit
- ⅔ cană făină
- 1 cană zahăr alb
- 1 lingurita scortisoara

**SĂRBĂȚIBILĂ:**
- ½ cană (1 baton) unt topit
- 1 cană de făină
- 1 cană de ovăz
- 1 cană de zahăr brun presat
- 1 lingurita scortisoara

**INSTRUCȚIUNI:**

**Umplutură de plăcintă:**

a) Pulverizați fundul unei tavi de plăcintă de 9 inchi adâncime cu spray.

b) Tapetați tava cu o crustă de plăcintă. Dacă faceți un blat crumble, fluturați marginile crustei înainte de a umple.

c) Întindeți ¼ de cană de făină uniform pe fundul crustei de plăcintă înainte de a adăuga umplutura de plăcintă.

d) Combinați toate umplutura de plăcintă **INGREDIENTE:** și presați în crusta de plăcintă. Placinta va fi destul de mare.

**SĂRBĂȚIBILĂ:**

e) Combinați toate ingredientele până se amestecă bine și se sfărâmiciază.

**COACERE:**

f) Adăugați blatul de crumble la umplutura de plăcintă, răspândind uniform. Dacă folosiți o crustă de plăcintă, întindeți peste întreaga umplutură de plăcintă și apăsați marginile crustei superioare de plăcintă pe crusta de jos, canelând marginile.

g) Faceți fâșii în crusta de sus pentru a permite plăcintei să se aburească. Pulverizați crusta de deasupra cu spray de tigaie și stropiți bine cu 5 linguri de zahăr în stare brută.
h) Acoperiți cu folie și coaceți la 350 de grade timp de 1 oră (mai puțin dacă folosiți un cuptor cu convecție)
i) Lăsați plăcinta să se răcească complet înainte de servire.

## 32. Plăcintă ușoară cu nucă de cocos fără gluten

Face: 6-8

**INGREDIENTE:**
- 1 lingurita extract de vanilie
- 2 oua
- 1 1/2 cani de lapte
- 1/2 cană de fructe de călugăr
- 1/2 cană făină de cocos
- 1/4 cană unt
- 1 cană nucă de cocos măruntită

**INSTRUCȚIUNI:**
a) Combinați toate **INGREDIENTELE:** pentru a face un aluat.
b) Ungeți o farfurie de plăcintă cu spray antiaderent și umpleți-o cu aluat.
c) Gatiti in Air Fryer la 350 de grade timp de 12 minute.

## 33. Plăcintă cu grapefruit

FACE 1 PLAINTA (10-INCH); PORTI 8 PÂNĂ 10

**INGREDIENTE:**
- 1 porție Ritz Crunch necopt
- 1 porție Grapefruit Passion Curd
- 1 porție de grapefruit condensat îndulcit

**Directii**
a) Încinge cuptorul la 275°F.
b) Apăsați crunch-ul Ritz într-o formă de plăcintă de 10 inci. Folosind degetele și palmele mâinilor, apăsați ferm crunchul, asigurându-vă că acoperiți fundul și părțile laterale uniform și complet.
c) Puneți tava pe o tavă și coaceți 20 de minute. Crusta Ritz ar trebui să fie puțin mai aurie și puțin mai adâncă în bunătate untoasă decât crocantul cu care ați început. Răciți crusta complet; învelită în plastic, crusta poate fi congelată până la 2 săptămâni.
d) Folosind o lingură sau o spatulă offset, întindeți uniform coagul de grapefruit pe fundul crustei Ritz. Pune plăcinta la congelator pentru a se întări cașul, aproximativ 30 de minute.
e) Folosind o lingură sau o spatulă offset, întindeți grapefruitul condensat îndulcit deasupra cașului, având grijă să nu amestecați cele două straturi și asigurându-vă că coagul este acoperit în întregime. Reveniți la congelator până când sunt gata de tăiat și servit.

## 34. plăcintă cu afine

Produce : 8 portii

**INGREDIENTE:**
- 2 cruste de placinta
- 1 pachet gelatină; aromă de portocale
- ¾ cană Apa clocotita
- ½ cană Suc de portocale
- 1 conserve (8 oz) de sos de afine jeleat
- 1 lingurita Coaja de portocală rasă
- 1 cană Jumătate și jumătate rece sau lapte
- 1 pachet Budincă instant Jell-O , vanilie franțuzească sau aromă de vanilie
- 1 cană Topping Cool Whip
- Merișoare înghețate

**INSTRUCȚIUNI:**

a) Preîncălziți cuptorul la 450°F
b) Aduceți gelatina la fiert și dizolvați-o. Se toarnă sucul de portocale. Pune vasul într-un vas mai mare cu gheață și apă. Se lasă să stea 5 minute, amestecând regulat, până când gelatina s-a îngroșat ușor.
c) Adăugați sosul de afine și coaja de portocală și amestecați pentru a se combina. Umpleți crusta de plăcintă cu umplutură. Răciți aproximativ 30 de minute sau până când se fixează.
d) Am pus într-un castron mediu, turnăm jumătate și jumătate. Adăugați amestecul de umplutură pentru plăcintă. Bateți până se amestecă complet.
e) Se lasă deoparte 2 minute, sau până când sosul s-a îngroșat oarecum. La sfârșit, îndoiți toppingul bătut.
f) Întindeți ușor amestecul de gelatină deasupra. Se da la rece timp de 2 ore sau pana se taie.

## 35. Plăcintă cu firimituri de piersici

Face 8 portii
**INGREDIENTE:**
- 1 1/4 cani de făină universală
- 1/4 linguriță sare
- 1/2 linguriță zahăr
- 1/2 cană margarina vegană, tăiată în bucăți mici
- 2 linguri de apa rece, plus mai mult daca este nevoie
- piersici coapte, decojite, fără sâmburi și feliate
- 1 lingurita margarina vegana
- 2 linguri de zahar
- 1/2 linguriță de scorțișoară măcinată

Topping
- ¾ cană de ovăz de modă veche
- 1/3 cană margarină vegană, înmuiată
- 2 linguri de zahar
- 1 lingurita scortisoara macinata
- 1/4 linguriță sare

**INSTRUCȚIUNI:**
a) Faceți crusta: într-un castron mare, combinați făina, sarea și zahărul. Folosiți un blender de patiserie sau o furculiță pentru a tăia margarina până când amestecul seamănă cu firimituri grosiere. Adauga apa cate putin si amesteca pana cand aluatul incepe sa se tina.
b) Aplatizați aluatul într-un disc și înveliți-l în folie de plastic. Dati la frigider 30 de minute in timp ce pregatiti umplutura.
c) Preîncălziți cuptorul la 425°F. Întindeți aluatul pe o suprafață de lucru ușor făinată până la aproximativ 10 inci în diametru. Puneți aluatul într-o farfurie de plăcintă de 9 inci și tăiați și sertiți marginile. Aranjați feliile de piersici în crustă. Se unge cu margarina si se presara zahar si scortisoara. Pus deoparte.
d) Faceți toppingul: într-un castron mediu, combinați ovăzul, margarina, zahărul, scorțișoara și sarea. Se amestecă bine și se presară deasupra fructelor.
e) Coaceți până când fructele sunt clocotite și crusta este aurie, aproximativ 40 de minute. Scoateți din cuptor și răciți ușor, 15 până la 20 de minute. Serviți cald.

## 36. Placintă cu nori de căpșuni

Face 8 portii

**INGREDIENTE:**
**CRUSTĂ**
- 1 1/4 cani de făină universală
- 1/4 linguriță sare
- 1/2 linguriță zahăr
- 1/2 cană margarină vegană, tăiată în bucăți mici
- 3 linguri de apă cu gheață

**UMPLERE**
- 1 pachet (12 uncii) de tofu mătăsos ferm, scurs și presat
- ¾ cană zahăr
- 1 lingurita extract pur de vanilie
- 2 cesti de capsuni proaspete feliate
- 1/2 cană conserve de căpșuni
- 1 lingura amidon de porumb dizolvat in 2 linguri apa

**INSTRUCȚIUNI:**

a) Faceți crusta: într-un robot de bucătărie, combinați făina, sarea și zahărul și pulsați pentru a combina. Adăugați margarina și procesați până se sfărâmiciază.

b) Cu mașina în funcțiune, introduceți apă și procesați pentru a forma un aluat moale. Nu amestecați în exces. Aplatizați aluatul într-un disc și înveliți-l în folie de plastic.

c) Se da la frigider pentru 30 de minute. Preîncălziți cuptorul la 400°F.

d) Întindeți aluatul pe o suprafață de lucru ușor făinată până la aproximativ 10 inci în diametru. Puneți aluatul într-o farfurie de plăcintă de 9 inci. Tăiați și fluturați marginile. Înțepați găuri în fundul aluatului cu o furculiță. Coaceți 10 minute, apoi scoateți din cuptor și lăsați deoparte. Reduceți temperatura cuptorului la 350°F.

e) Preparați umplutura: într-un blender sau robot de bucătărie, combinați tofu, zahărul și vanilia și amestecați până la omogenizare. Se toarnă în crusta pregătită.

f) Coaceți timp de 30 de minute. Scoateți din cuptor și lăsați deoparte să se răcească timp de 30 de minute.
g) Aranjați căpșunile feliate deasupra plăcintei într-un model decorativ pentru a acoperi toată suprafața. Pus deoparte.
h) Puneți conservele într-un blender sau robot de bucătărie și transferați-le într-o cratiță mică la foc mediu. Amestecați amestecul de amidon de porumb și continuați să amestecați până când amestecul s-a îngroșat.
i) Turnați glazura de căpșuni peste plăcintă. Dați plăcinta la frigider cu cel puțin 1 oră înainte de servire pentru a răci umplutura și a fixa glazura.

# 37. Plăcintă cu fructe proaspete fără coacere

Face 8 portii

## INGREDIENTE:
- 1 1/2 cani de firimituri vegane din fulgi de ovaz
- 1/4 cană margarină vegană
- 1 kg de tofu ferm, bine scurs și presat (vezi Tofu)
- ¾ cană zahăr
- 1 lingurita extract pur de vanilie
- 1 piersică coaptă, fără sâmburi și tăiată în felii de 1/4 inch
- 2 prune coapte, fără sâmburi și tăiate în felii de 1/4 inch
- 1/4 cană conserve de piersici
- 1 linguriță de lămâie proaspătă pe suc

## INSTRUCȚIUNI:
a) Ungeți o farfurie de plăcintă de 9 inci și lăsați deoparte. Într-un robot de bucătărie, combinați pesmetul și margarina topită și procesați până când pesmeturile sunt umezite.
b) Apăsați amestecul de pesmet în farfuria de plăcintă pregătită. Se da la frigider pana este nevoie.
c) În robotul de bucătărie, combinați tofu, zahărul și vanilia și procesați până la omogenizare. Răspândiți amestecul de tofu în crusta răcită și dați la frigider timp de 1 oră.
d) Aranjați decorativ fructele deasupra amestecului de tofu. Pus deoparte.
e) Într-un castron mic rezistent la căldură, combinați conservele și sucul de lămâie și cuptorul cu microunde până se topesc, aproximativ 5 secunde. Se amestecă și se stropește peste fructe.
f) Dați plăcinta la frigider pentru cel puțin 1 oră înainte de a o servi pentru a răci umplutura și a fixa glazura.

## 38. Plăcintă cu banane și mango

Face 6 portii

**INGREDIENTE:**
- 1 1/2 cani de firimituri de fursecuri vegane cu vanilie
- 1/4 cană margarină vegană, topită
- 1 cană suc de mango
- 1 lingură fulgi de agar
- 1/4 cană nectar de agave
- banane coapte, decojite și tăiate în bucăți
- 1 lingurita suc proaspat de lamaie
- 1 mango proaspăt copt, decojit, fără sâmburi și feliat subțire

**INSTRUCȚIUNI:**
a) Ungeți fundul și părțile laterale ale unui platou de plăcintă de 8 inci. Așezați firimiturile de prăjituri și margarina topită în fundul farfurii de plăcintă și amestecați cu o furculiță pentru a se combina până când pesmeturile sunt umezite. Apăsați în partea de jos și pe părțile laterale ale farfuriei de plăcintă pregătite. Se da la frigider pana este nevoie.
b) Combinați sucul și fulgii de agar într-o cratiță mică. Lasă-l să stea 10 minute pentru a se înmoaie. Adăugați nectarul de agave și aduceți amestecul doar la fierbere. Reduceți focul la fiert și amestecați până se dizolvă, aproximativ 3 minute.
c) Pune bananele într-un robot de bucătărie și procesează până se omogenizează. Adăugați amestecul de agar și sucul de lămâie și procesați până se omogenizează și se omogenizează bine. Folosiți o spatulă de cauciuc pentru a răzui umplutura în crusta pregătită. Dați la frigider pentru 2 ore sau mai mult pentru a se răci și a se instala.
d) Chiar înainte de servire, aranjați feliile de mango în cerc deasupra plăcintei.

## 39. Plăcintă cu cremă de căpșuni

UMPLE 1 PLAINTA

**INGREDIENTE:**
- 1 reteta Piecrust de baza
- 2 retete Frisca de caju
- 2 cesti de capsuni jumatate
- 2 linguri sirop de agave

**INSTRUCȚIUNI:**
a) Întindeți frișca în crusta dvs., într-un singur strat uniform.
b) Se aruncă jumătățile de căpșuni în siropul de agave, apoi se aranjează căpșunile, tăiate în jos, deasupra cremei.
c) Se va păstra 2 sau 3 zile la frigider.

## 40. Plăcintă cu bezea cu mere

Face : 6 portii

**INGREDIENTE:**
- 1 fiecare coajă de plăcintă necoaptă de 9 inci
- 2 căni Măr ras
- ½ cană Zahăr
- 3 linguri Unt
- 1 lingura Suc de lămâie
- 3 fiecare Ouă, separate
- ½ lingurita Scorţişoară
- ½ lingurita Nucşoară
- ¼ cană Zahărul de cofetarie
- 1 lingurita Vanilie

**INSTRUCŢIUNI:**

a) Răspândiţi mere uniform pe fundul coajelor de plăcintă. Într-un castron separat, cremă de zahăr şi unt. Amestecaţi zeama de lămâie şi 3 gălbenuşuri de ou bătute.

b) Se toarnă peste măr. Se presară cu scorţişoară şi nucşoară. Se coace la cuptor la 350 de grade timp de 40 până la 45 de minute. Bate albusurile spuma pana se formeaza varfuri.

c) Treptat, adăugaţi zahărul pudră şi vanilia, bateţi până când bezeaua este tare. Se întinde deasupra plăcintei. Se dă înapoi la cuptor. Se reduce căldura la 325 de grade.

d) Coaceţi încă 5 până la 10 minute, până când bezeaua se rumeneşte uşor.

## 41. Plăcintă cu mere cu crumble de cheddar

Face : 8 portii

**INGREDIENTE:**
- 1 fiecare Coaja de plăcintă necoaptă de 9 inch
- ½ cană Făină nealbită
- ⅓ cană Zahăr
- 1½ kilograme Gătit mere;
- 6 uncii Cheddar, mărunțit, 1 1/2 C
- 4 lingurite Făină nealbită
- ⅓ cană Zahar brun; Ambalat ferm
- ½ lingurita Scorţişoară; Sol
- ¼ de lingurita Nucşoară; Sol
- 5 linguri Unt
- 1 lingura Suc de lămâie; Proaspăt

**INSTRUCȚIUNI:**
a) Miez, curățați și subțire
b) Faceți o margine înaltă în jurul crustei de plăcintă. Combinați toate ingredientele uscate în topping și tăiați untul până se sfărâmiciază. Pus deoparte. Se amestecă merele şi sucul de lămâie şi se adaugă brânza, făina şi nucşoara, amestecând și amestecând bine.
c) Aranjați merele în crustă și presărați toppingul. Coaceți într-un cuptor preîncălzit la 375 de grade F. timp de 40 până la 50 de minute. Serviți cald cu îngheţată de vanilie dacă doriți.

# Plăcinte cu legume

## 42. Rubarbă cu vârf de macaroane

Face: 4 portii

**INGREDIENTE:**
- 4 căni de rubarbă proaspătă sau congelată feliată (bucăți de 1 inch)
- 1 mar mare, curatat de coaja si feliat
- 1/2 cană zahăr brun la pachet
- 1/2 lingurita de scortisoara macinata, impartita
- 1 lingura amidon de porumb
- 2 linguri apa rece
- 8 macaroane, sfărâmate
- 1 lingura de unt, topit
- 2 linguri de zahar
- Inghetata de vanilie, optional

**Directii**
a) Într-o tigaie mare de fontă sau altă tigaie rezistentă la cuptor, combinați rubarba, mărul, zahărul brun și 1/4 linguriță de scorțișoară; aduce la fierbere. Reduce caldura; acoperiți și fierbeți până când rubarba este foarte fragedă, 10-13 minute.
b) Combina amidonul de porumb si apa pana se omogenizeaza; se adaugă treptat la amestecul de fructe. Se aduce la fierbere; gătiți și amestecați până se îngroașă, aproximativ 2 minute.
c) Într-un castron mic, combinați prăjiturile mărunțite, untul, zahărul și scorțișoara rămasă. Se presara peste amestecul de fructe.
d) Se prăjesc la 4 inchi de la foc până se rumenesc ușor, 3-5 minute. Dacă doriți, serviți cald cu înghețată.

### 43. Plăcinta Minerului

Produce: 6 plăcinte Miners

**INGREDIENTE:**
**PENTRU PLAINTA:**
- 5 căni de țelină tocată (în jumătate de lună)
- 8 cani de morcovi tocati
- 2 cani de ceapa taiata cubulete
- 3 linguri rozmarin proaspăt tocat
- 2 linguri de usturoi tocat
- 2 linguri de cimbru
- 2 linguri oregano
- 4 căni de bere tare
- 3 căni de supă de vită
- 10 kilograme de carne de vită tocată

**PENTRU VASOELE PURATE:**
- 1 sac vase piure
- 1 baton (½ cană) unt
- ¼ cană smântână
- 1 lingura de hrean macinat

**INSTRUCȚIUNI:**
**PENTRU PLAINTA:**
a) Acoperiți fundul unui vas mare cu ulei.
b) Adăugați usturoiul, ceapa, morcovii, țelina și condimentele.
c) Adăugați stout și supa de vită. Se aduce la fierbere și se reduce la fiert. Se lasă să fiarbă până când legumele se înmoaie ușor.
d) Adăugați carnea de vită, amestecând des. Se lasă să fiarbă până când carnea de vită este gătită bine. Asezonați după gust.

**PENTRU VASOELE PURATE:**
a) Topiți untul într-o cratiță. Adăugați cartofii.
b) Se adauga smantana si hreanul.
c) Se amestecă până se încălzește și devine mai groasă.
d) Adăugați umplutura de plăcintă în 6 boluri pătrate.
e) Acoperiți cu vase piure. Puteți pune oalele într-un sac de paste și le puteți pune deasupra.

## 44. Plăcintă cu rubarbă

Face: 7 portii

**INGREDIENTE:**

**Umplutură de plăcintă:**
- 8 mere Granny Smith, decojite și tăiate felii (7 mere dacă merele sunt foarte mari)
- 2 linguri de unt topit
- ⅔ cană făină
- 1 cană zahăr alb
- 1 lingurita scortisoara

**SĂRBĂȚIBILĂ:**
- ½ cană (1 baton) unt topit
- 1 cană de făină
- 1 cană de ovăz
- 1 cană de zahăr brun presat
- 1 lingurita scortisoara

**INSTRUCȚIUNI:**

**Umplutură de plăcintă:**

a) Pulverizați fundul unei tavi de plăcintă de 9 inchi adâncime cu spray.
b) Tapetați tava cu o crustă de plăcintă. Dacă faceți un blat crumble, fluturați marginile crustei înainte de a umple.
c) Întindeți ¼ de cană de făină uniform pe fundul crustei de plăcintă înainte de a adăuga umplutura de plăcintă.
d) Combinați toate umplutura de plăcintă **INGREDIENTE:** și presați în crusta de plăcintă. Placinta va fi destul de mare.

**SĂRBĂȚIBILĂ:**

e) Combinați toate ingredientele până se amestecă bine și se sfărâmiciază.

**COACERE:**

f) Adăugați blatul de crumble la umplutura de plăcintă, răspândind uniform. Dacă folosiți o crustă de plăcintă, întindeți peste întreaga umplutură de plăcintă și apăsați marginile crustei superioare de plăcintă pe crusta de jos, canelând marginile.

g) Faceți fâșii în crusta de sus pentru a permite plăcintei să se aburească. Pulverizați crusta de deasupra cu spray de tigaie și stropiți bine cu 5 linguri de zahăr în stare brută.
h) Acoperiți cu folie și coaceți la 350 de grade timp de 1 oră (mai puțin dacă folosiți un cuptor cu convecție)
a) Lăsați plăcinta să se răcească complet înainte de servire.

## 45. Plăcintă cu cartofi dulci

Face: 2 plăcinte cu cartofi dulci
Timp total de preparare/gătire: 1 oră 5 minute

### INGREDIENTE:
- 2 cartofi dulci de mărime medie
- 1 ¼ cană zahăr
- 1 ½ batoane de unt
- 4-5 ouă plus 1 ou
- 1 ½ linguriță extract de vanilie
- 1 lingura extract de lamaie
- 1 lingurita nucsoara
- 1 lingurita scortisoara
- 2 cruste de plăcintă pentru vase adânci

### INSTRUCȚIUNI
a) Bateți cartofii dulci, zahărul, untul și ouăle (2 ouă o dată) timp de 1 minut.
b) Adăugați extract de vanilie, extract de lămâie, nucșoară și scorțișoară.
c) Bate bine timp de 3-4 minute
d) Transferați aluatul în 2 Deep Dish Pie Crusts
e) Amestecul de cartofi ar trebui să arate ca aluatul de prăjitură și să aibă gust de înghețată.
f) Coaceți în cuptorul preîncălzit la 350 de grade, 55 până la 60 de minute.
g) Bucurați-vă!

## 46. Placinta de dovleac

Produce : 8 portii

**INGREDIENTE:**
- 1 cutie (30 oz) amestec de plăcintă cu dovleac
- 2/3 cană lapte evaporat
- 2 ouă mari, bătute
- 1 coajă de plăcintă necoaptă de 9 inci

**INSTRUCȚIUNI:**
a) Preîncălziți cuptorul la 425 de grade Fahrenheit.
b) Într-un castron mare, combinați amestecul de plăcintă de dovleac, laptele evaporat și ouăle.
c) Turnați umplutura în coaja de plăcintă.
d) Se coace 15 minute la cuptor.
e) Ridicați temperatura la 350°F și coaceți încă 50 de minute.
f) Agitați-l ușor pentru a vedea dacă este complet copt.
g) Se răcește timp de 2 ore pe un grătar.

## 47. Plăcintă cu cartofi dulci din sud

Face : 10 porții

**INGREDIENTE:**
- 2 cani de cartofi dulci decojiti, fierti
- ¼ cană unt topit
- 2 oua
- 1 cană zahăr
- 2 linguri de bourbon
- 1/4 lingurita sare
- 1/4 lingurita de scortisoara macinata
- 1/4 lingurita de ghimbir macinat
- 1 cană lapte

**INSTRUCȚIUNI:**
a) Preîncălziți cuptorul la 350 de grade Fahrenheit.
b) Cu excepția laptelui, combinați complet toate INGREDIENTELE : într-un mixer electric.
c) Adăugați laptele și continuați să amestecați după ce totul este complet combinat.
d) Turnați umplutura în coaja de plăcintă și coaceți timp de 35-45 de minute, sau până când un cuțit introdus lângă centru iese curat.
e) Scoateți din frigider și lăsați-l să se răcească la temperatura camerei înainte de servire.

## 48. Plăcintă italiană cu anghinare

Face: 8 portii

**Ingredient**
- 3 Ouă; Bătut
- 1 Pachet de 3 oz cremă de brânză cu arpagic; Înmuiat
- ¾ de lingurita Praf de usturoi
- ¼ de lingurita Piper
- 1½ cană Brânză Mozzarella, lapte parțial degresat; Mărunțit
- 1 cană Brânză ricotta
- ½ cană Maioneză
- 1 14 oz cutie de inimi de anghinare; Drenat
- ½ 15 oz cutie de fasole garbanzo, la conserva; Clătit și drenat
- 1 2 1/4 oz cutie măsline feliate; Drenat
- 1 2 Oz Borcan Pimientos; Cubulețe și scurs
- 2 linguri Pătrunjel; Tăiat
- 1 Crustă de plăcintă (9 inch); Necopt
- 2 mici Roșie; Taiat

**INSTRUCȚIUNI:**
a) Combinați ouăle, crema de brânză, pudra de usturoi și piperul într-un lighean mare. Combinați 1 cană de brânză mozzarella, brânză ricotta și maioneza într-un castron.
b) Se amestecă până se omogenizează totul bine.
c) Tăiați 2 inimioare de anghinare în jumătate și lăsați deoparte. Tăiați restul inimii.
d) Se amestecă amestecul de brânză cu inimile tocate, fasolea garbanzo, măslinele, pimenturile și pătrunjelul. Umpleți coaja de patiserie cu amestecul.
e) Se coace 30 de minute la 350 de grade. Brânza mozzarella rămasă și parmezanul trebuie presărate deasupra.
f) Coaceți încă 15 minute sau până când se fixează.
g) Se lasa sa se odihneasca 10 minute.
h) Deasupra, aranjați felii de roșii și inimioare de anghinare tăiate în sferturi.
i) Servi

## 49. Plăcintă rustică

Face 4 până la 6 porții

**INGREDIENTE:**
- Cartofi Yukon Gold, decojiți și tăiați cubulețe
- 2 linguri margarina vegana
- 1/4 cană lapte de soia simplu, neîndulcit
- Sare și piper negru proaspăt măcinat
- 1 lingura ulei de masline
- 1 ceapa galbena medie, tocata marunt
- 1 morcov mediu, tocat mărunt
- 1 coastă de țelină, tocată mărunt
- 12 uncii seita n , tocata fin
- 1 cană mazăre congelată
- 1 cană boabe de porumb congelate
- 1 lingurita cimentar uscat
- 1/2 linguriță de cimbru uscat

**Directii**
a) Într-o cratiță cu apă clocotită cu sare, fierbeți cartofii până se înmoaie, 15 până la 20 de minute.
b) Se scurge bine si se intoarce in oala. Adăugați margarina, laptele de soia și sare și piper după gust.
c) Se pasează grosier cu un piure de cartofi și se pune deoparte. Preîncălziți cuptorul la 350°F.
d) Într-o tigaie mare, încălziți uleiul la foc mediu. Adăugați ceapa, morcovul și țelina.
e) Acoperiți și gătiți până se înmoaie, aproximativ 10 minute. Transferați legumele într-o tavă de copt de 9 x 13 inci. Se amestecă seitan, sosul de ciuperci, mazăre, porumb, cimbru și cimbru.
f) Se condimentează cu sare și piper după gust și se întinde uniform amestecul în tava de copt.
g) Acoperiți cu piureul de cartofi, întinzându-l pe marginile tavii de copt. Coaceți până când cartofii se rumenesc și umplutura este spumoasă, aproximativ 45 de minute.
h) Serviți imediat.

**50. Plăcintă cu pui, praz și ciuperci**

Produce: 6

**INGREDIENTE:**
- 1 cantitate de aluat scurt, rece
- amestec suplimentar de făină simplă fără gluten pentru a întinde aluatul
- 250 g (2½ căni) fenicul, tocat
- 2 praz mediu, tăiat
- 240 g (2 căni) ciuperci
- 240 ml (1 cană) vin alb
- 240 ml (1 cană) lapte
- 120 ml (½ cană) cremă proaspătă
- 4 linguri faina de porumb/amidon de porumb
- 700 g (1½ lb) piept de pui
- ½ linguriță piper negru proaspăt măcinat
- ¼ linguriță sare de mare (kosher).
- 2 linguri ierburi uscate de Provence
- 2 linguri de ulei de măsline

**INSTRUCȚIUNI:**
a) Tăiați prazul felii, clătiți-l și scurgeți-l bine. Taiati cubulete feniculul si feliati ciupercile.
b) Se încălzește 1 linguriță de ulei de măsline într-o tigaie la foc mediu și se adaugă prazul și feniculul. Gatiti 5 minute.
c) Adăugați ciupercile și continuați să sotiți până devin aurii. Transferați pe o farfurie/castron în timp ce gătiți puiul. Tăiați puiul în bucăți mari.
d) Încălziți restul de 1 linguriță de ulei de măsline în tigaie la foc mediu și gătiți bucățile de pui în șarje, până devin aurii.
e) Transferați loturile fierte în același castron cu legumele sotate. După ce tot puiul este gătit, puneți puiul/legumele înapoi în tigaie și turnați peste vinul alb.
f) Se condimentează cu sare, piper și se adaugă ierburile uscate. Se aduce la foc mic și se fierbe la foc mic timp de 10 minute.

g) Se dizolvă făina de porumb/amidonul de porumb în lapte și se amestecă în tigaie. Continuați să amestecați în tigaie până când sosul se îngroașă. Se ia de pe foc si se pune pe o parte.
h) Preîncălziți cuptorul la 170C ventilator, 375F, Gas Mark 5.
i) Luați aluatul răcit și întindeți-l între două foi de hârtie rezistentă bine înfăinată într-o formă puțin mai mare decât forma de plăcintă.
j) Se amestecă Crème Fresh în amestecul de pui și se toarnă în tava de plăcintă. Încă în hârtie de uns, răsturnați aluatul și îndepărtați foaia care este acum cea mai sus.
k) Folosiți hârtia de unsoare rămasă pentru a vă ajuta să transferați aluatul peste forma de plăcintă. Tăiați marginile și sertiți folosind două degete și degetul mare.
l) Dacă vă simțiți artistic, rulați din nou toate pastele de patiserie și decupați 4 forme de frunze pentru decorare.
m) Ungeți blatul plăcintei folosind amestecul de rezervă reținut de ou/lapte de la prepararea patiseriei, tăiați o cruce mică în mijloc și decorați cu formele de foi de patiserie.
n) Unge-le și pe acestea cu spălat de ouă. Se pune pe o tavă de copt și se introduce în cuptor.
o) Coaceți timp de 45 de minute până când crusta de plăcintă este maro aurie și umplutura este fierbinte.

## 51. Plăcintă de dovleac cu un strop de rom

Face 8 portii

**INGREDIENTE:**
Crustă
- 1 1/4 cani de făină universală
- 1/4 linguriță sare
- 1/2 linguriță zahăr
- 1/2 cană margarină vegană, tăiată în bucăți mici
- 3 linguri de apă cu gheață, plus mai mult dacă este necesar

Umplere
- 1 cutie (16 uncii) de dovleac
- 1 pachet (12 uncii) de tofu de mătase extra ferm, scurs și uscat
- 1 cană zahăr
- Amestecul de înlocuire a ouălor pregătit pentru 2 ouă (vezi Coacerea vegană)
- 1 lingura rom negru
- 1 lingura amidon de porumb
- 2 lingurite de scortisoara macinata
- 1/2 linguriță ienibahar măcinat
- 1/2 linguriță de ghimbir măcinat
- 1/2 lingurita nucsoara macinata

**INSTRUCȚIUNI:**

a) Într-un castron mediu, combinați făina, sarea și zahărul. Folosiți un blender de patiserie sau o furculiță pentru a tăia margarina până când amestecul seamănă cu firimituri grosiere. Adăugați apa câte puțin și amestecați până când aluatul începe să se țină împreună. Aplatizați aluatul într-un disc rotund și înfășurați-l în folie de plastic. Dati la frigider 30 de minute in timp ce pregatiti umplutura.

b) Într-un robot de bucătărie, combinați dovleacul și tofu până se omogenizează bine. Adăugați zahărul, înlocuitorul de ouă, siropul de arțar, romul, amidonul de porumb, scorțișoara, ienibaharul, ghimbirul și nucșoara, amestecând până când se omogenizează și se combină bine.

c) Preîncălziți cuptorul la 400°F. Întindeți aluatul pe o suprafață de lucru ușor făinată până la aproximativ 10 inci în diametru. Puneți aluatul într-o farfurie de plăcintă de 9 inci și tăiați și tăiați marginile.
d) Turnați umplutura în crustă. Coaceți timp de 15 minute, apoi reduceți temperatura cuptorului la 350 ° F și coaceți încă 30 până la 45 de minute sau pana când umplutura este fixată. Lăsați să se răcească la temperatura camerei pe un grătar, apoi dați la frigider timp de 4 ore sau mai mult.

## 52. Plăcintă cu roșii verzi

Face: 6 portii

**INGREDIENTE:**
Aluat pentru o crusta dubla
½ cană de zahăr
2 lingurite Faina
1 lămâie; coaja rasa de
¼ linguriță de ienibahar măcinat
¼ lingurita Sare
4 căni de roșii verzi: coajă, feliată
1 lingurita suc de lamaie
3 lingurite de unt

**INSTRUCȚIUNI:**
a) Tapetați o tavă de plăcintă cu aluat de plăcintă. Se amestecă zahărul, făina, coaja de lămâie, ienibaharul și sarea.
b) Presărați doar puțin din asta în partea de jos a plăcintei.
c) Aranjați feliile de roșii, câte un strat, pe măsură ce acoperiți fiecare strat cu amestecul de zahăr, suc de lămâie și câte un punct de unt pe fiecare felie.
d) Continuați să stratificați până ajungeți la vârful formei de plăcintă.
e) Acoperiți cu un blat și coaceți la 350~ timp de 45 de minute.

## 53. Plăcintă cu sparanghel

Face: 6 portii

**INGREDIENTE:**
- 1 pachet (8 oz) sparanghel congelat
- 1 cană șuncă cuburi; gătit
- 1 cană Jumătate și jumătate
- 1 conserve (4 oz) de ciuperci; drenat
- 1 lingurita Sare
- 3 ouă; ușor bătută
- ⅓ cană ceapă tocată (opțional)
- 1 Necopt; Crustă de plăcintă de 9 inci

**INSTRUCȚIUNI:**
a) Gatiti sparanghelul si scurgeti bine. Combinați jumătate și jumătate, ceapa, ciupercile și sarea într-o cratiță. Se fierbe 1 minut. Adăugați o cantitate mică de amestec fierbinte în ouă și amestecați bine. Adăugați amestecul în tigaie, amestecând pentru a omogeniza.
b) Aranjați sparanghelul scurs și șunca în crustă. Se toarnă amestecul fierbinte peste.
c) Pe suprafață se pot presăra ușor ardeiul și nucșoara. Se coace la 400 pentru 15 minute; reduceți căldura la 325 și coaceți încă 20-25 de minute sau până când o lamă de cuțit introdusă în centrul plăcintei iese curată.

# Plăcinte cu nuci

## 54. Plăcintă pecan

Face 8 portii

**INGREDIENTE:**
Crustă
- 1 1/4 cani de făină universală
- 1/4 linguriță sare
- 1/2 linguriță zahăr
- 1/2 cană margarină vegană, tăiată în bucăți mici
- linguri de apă cu gheață, plus mai mult dacă este necesar

Umplere
- 2 linguri amidon de porumb
- 1 cană apă
- 1 1/4 cani de sirop de arțar pur
- 1/2 linguriță sare
- 2 linguri margarina vegana
- 1 lingurita extract pur de vanilie
- 2 cesti jumatati de nuci pecan nesarate, prajite

**INSTRUCȚIUNI:**
a) Faceți crusta: într-un castron mare, combinați făina, sarea și zahărul. Folosiți un blender de patiserie sau o furculiță pentru a tăia margarina până când amestecul seamănă cu firimituri grosiere. Adăugați apa câte puțin și amestecați până când aluatul începe să se țină împreună.
b) Se aplatizează aluatul într-un disc și se înfășoară în folie de plastic. Dati la frigider 30 de minute in timp ce pregatiti umplutura. Preîncălziți cuptorul la 400°F.
c) Faceți umplutura: Într-un castron mic, combinați amidonul de porumb și 1/4 cană de apă și lăsați deoparte. Într-o cratiță medie, combinați restul de ¾ de cană de apă și siropul de arțar și aduceți la fierbere la foc mare. Se fierbe 5 minute, apoi se adauga sarea si amestecul de amidon de porumb, amestecand energic. Continuați să amestecați și gătiți la foc mare până când amestecul se îngroașă și devine limpede. Se ia de pe foc si se adauga margarina si vanilia.

d) Întindeți aluatul pe o suprafață de lucru ușor făinată până la aproximativ 10 inci în diametru. Puneți aluatul într-o farfurie de plăcintă de 9 inci. Tăiați aluatul și tăiați marginile. Înțepați găuri în fundul aluatului cu o furculiță. Coaceți până devin aurii, aproximativ 10 minute, apoi scoateți din cuptor și lăsați deoparte. Reduceți temperatura cuptorului la 350°F.
e) Odată ce margarina este topită, turnați umplutura în crusta precoaptă. Aranjați jumătate de nuci pecan în umplutură, apăsând-le în amestec și aranjați jumătatea rămasă pe partea de sus a plăcintei. Coaceți timp de 30 de minute. Se răcește pe un grătar timp de aproximativ 1 oră, apoi se dă la frigider până se răcește.

## 55. Plăcintă cu ciocolată albă și alune

Face 8 portii

**INGREDIENTE:**
- 1/2 cani de pesmet vegan de vanilie sau ciocolata
- 1 cană chipsuri de ciocolată albă vegană sau bucăți
- 1/4 cană apă
- 2 linguri Frangelico (lichior de alune)
- 8 uncii de tofu de mătase extra ferm, scurs
- 1/4 cană nectar de agave
- 1 lingurita extract pur de vanilie
- 1/2 cană alune prăjite zdrobite, pentru ornat
- 1/2 cană fructe de pădure proaspete, pentru decor

**INSTRUCȚIUNI:**
a) Ungeți o farfurie de plăcintă de 8 inci sau o tavă elastică și lăsați deoparte.
b) Într-un robot de bucătărie, combinați firimiturile de prăjituri și margarina și pulsați până când firimiturile sunt umezite.
c) Apăsați amestecul de pesmet în fundul și părțile laterale ale tigaii pregătite. Se da la frigider pana este nevoie.
d) Topiți ciocolata albă la băutură la foc mic, amestecând continuu. Pus deoparte.
e) Într-un blender de mare viteză, măcinați caju până la o pudră. Adăugați apa și Frangelico și amestecați până la omogenizare. Adăugați tofu, nectarul de agave și vanilia și amestecați până la omogenizare. Se adauga ciocolata alba topita si se proceseaza pana devine cremoasa.
f) Întindeți amestecul în tava pregătită. Se acopera si se da la frigider 3 ore, pana se raceste bine.
g) Pentru a servi se ornează cu alune zdrobite și fructe de pădure proaspete.

## 56. Plăcintă ușoară cu nucă de cocos fără gluten

Timp total: 52 minute
Face: 6-8

**INGREDIENTE:**
- 2 oua
- 1 1/2 cani de lapte
- 1/4 cană unt
- 1 1/2 linguriță. extract de vanilie
- 1 cană nucă de cocos măruntiță (eu am folosit îndulcită)
- 1/2 cană de fructe de călugăr (sau zahărul preferat)
- 1/2 cană făină de cocos

**INSTRUCȚIUNI:**

a) Ungeți o farfurie de plăcintă de 6 inchi cu spray antiaderent și umpleți-o cu aluat. Continuați să urmați aceleași instrucțiuni ca mai sus.

b) Gătiți în friteuza cu aer la 350 de grade timp de 10 până la 12 minute.

c) Verificați plăcinta la jumătatea timpului de gătire pentru a vă asigura că nu arde, întoarceți farfuria, folosiți o scobitoare pentru a verifica dacă este gata.

### 57. B lipsă plăcintă cu fulgi de ovăz cu nucă

Face: 1 porție

**INGREDIENTE:**
- 3 oua, batute usor
- 1 cană zahăr brun, ambalat
- ½ cană sirop de porumb negru
- ½ cană lapte evaporat
- ½ cană fulgi de ovăz pentru gătit rapid
- ½ cană nuci negre tocate grosier
- ¼ cană (4 linguri) unt, topit
- 1 lingurita de vanilie
- Sare
- Aluat necoapt pentru plăcintă cu crusta simplă

**INSTRUCȚIUNI:**
a) Într-un castron mare, combinați ouăle, zahărul, siropul, laptele, ovăzul, nucile, untul, vanilia și ⅛ linguriță de sare, amestecând bine.
b) Tapetați farfuria de plăcintă de 9 inci cu aluat, tăiere și marginea canelului. Așezați farfuria pe grătarul cuptorului și turnați umplutura. Protejați marginea plăcintei cu folie pentru a preveni rumenirea excesivă. Coaceți la 350F timp de 25 de minute. Scoateți folia.
c) Coaceți încă aproximativ 25 de minute sau până când blatul este maro auriu și ușor umflat.
d) Umplutura cu va fi ușor moale, dar se va întări pe măsură ce se răcește.
e) Se răcește complet.

## 58. Plăcintă cu ghinde

Face: 1 porție

**INGREDIENTE:**
- 3 albusuri, batute tari
- 1 lingurita Praf de copt
- 1 cană de zahăr
- 1 lingurita de vanilie
- 20 de biscuiți cu sifon
- (coarsley rupt)
- ½ cană nuci pecan, tocate

**INSTRUCȚIUNI:**

a) Bate albusurile spuma pana se taie; se adauga praful de copt si se bate mai mult.
b) Adăugați zahăr și vanilie; bate din nou.
c) Încorporați biscuiți și nuci pecan. Puneți în farfuria de plăcintă unsă cu unt și coaceți la 300 de grade timp de 30 de minute.
d) Lăsați să se răcească și acoperiți cu Cool Whip și nuci pecan tocate.

## 59. Placintă cu cireşe cu migdale

Face: 6 portii

**INGREDIENTE:**
- 1 fiecare coajă de plăcintă, 9 inch, necoaptă
- 21 uncii umplutură de plăcintă cu cireșe
- ½ linguriță scorțișoară
- 1 cană nucă de cocos
- ½ cană migdale, feliate
- ¼ cană de zahăr
- ⅛ linguriță sare (opțional)
- ⅛ linguriță sare (opțional)
- 1 lingurita suc de lamaie
- ¼ cană lapte
- 1 lingura de unt, topit
- ¼ linguriță extract de migdale
- 1 fiecare ou, bătut

**INSTRUCȚIUNI:**

a) Preîncălziți cuptorul la 400F. Întindeți aluatul de plăcintă și puneți-l într-o tavă de plăcintă de 9 inchi. Într-un castron mare, combinați umplutura de plăcintă, scorțișoara, sarea și sucul de lămâie. Se amestecă ușor. Se pune într-o tavă de plăcintă căptușită cu crustă.

b) Coaceți 20 de minute.

c) Între timp, combinați toate ingredientele pentru topping într-un bol mediu și amestecați până se omogenizează. Scoateți plăcinta din cuptor după 20 de minute, întindeți blatul uniform pe suprafață și întoarceți plăcinta la cuptor.

d) Coaceți încă 15 până la 30 de minute sau până când crusta și garnitura sunt maro auriu.

## 60. Plăcintă cu ciocolată amaretto

Face: 8 portii

### INGREDIENTE:
- 3 ouă
- ¾ cană sirop, porumb închis
- ½ cană de zahăr
- ¼ cană Amaretto
- 2 linguri de unt; topit
- ½ lingurita Sare
- ½ cană chipsuri de ciocolată, semidulce
- ½ cană migdale, feliate
- 1 crustă de plăcintă; necoaptă
- Frisca sau inghetata

### INSTRUCȚIUNI:
a) Preîncălziți cuptorul la 350 de grade. Într-un castron mare, bateți ouăle până se omogenizează. Se amestecă siropul de porumb, zahărul, amaretto, untul și sarea. Adăugați fulgi de ciocolată și migdale.
b) Se toarnă în crusta de plăcintă necoaptă.
c) Coaceți 50 până la 60 de minute până când cuțitul introdus între centru și marginea plăcintei iese curat. Se răcește complet.
d) Se serveste cu frisca sau inghetata.

## 61. S nickers bar plăcintă

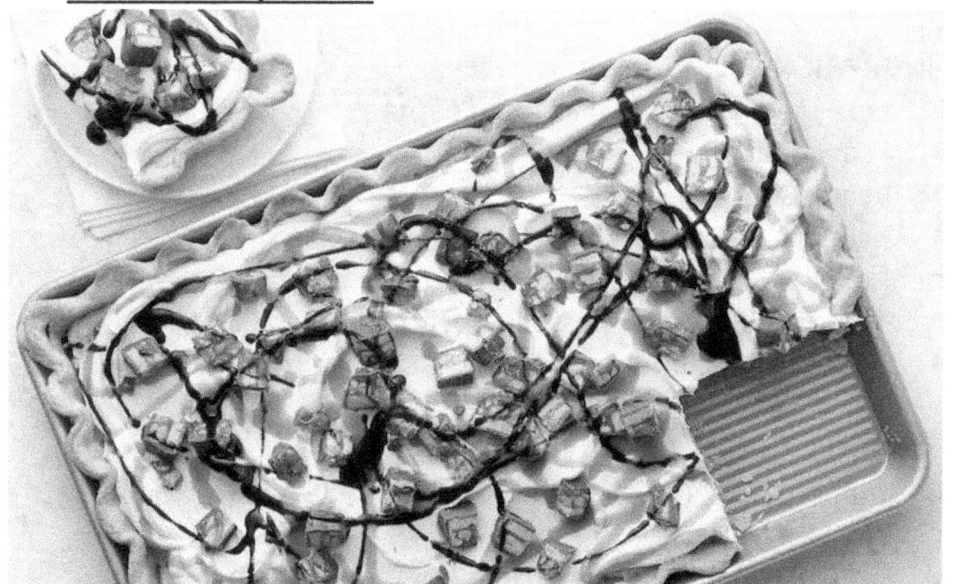

Face: 1 porție

**INGREDIENTE:**
- 1 (10 inchi) coajă de plăcintă, coaptă
- 4 cani de lapte
- 1 cană Cool Whip
- 2 cutii (3 3/4 oz.) Budincă instant de vanilie
- 3 cutii (3 3/4 oz.) Budincă de ciocolată instant
- 3 batoane Snickers, tăiate în bucăți de 1/2 inch
- Cool Whip și alune pentru garnitură

**INSTRUCȚIUNI:**
a) Combinați 1½ cană de lapte, budinca de vanilie și ½ cană Cool Whip.
b) Bate până se omogenizează. Îndoiți bucăți de bomboane.
c) Se întinde în coajă de plăcintă coptă.
d) Combinați laptele rămas, Cool Whip și budinca de ciocolată.
e) Bate până se omogenizează.
f) Se întinde deasupra stratului de vanilie. Garnitură.
g) Se pune la frigider.

## 62. Plăcintă crocantă cu cireșe și alune

Produce: 1 placinta

**INGREDIENTE:**
- ½ pachet (10 oz) amestec de crustă de plăcintă
- ¼ cană zahăr brun deschis la pachet
- ¾ cană alune de pădure Oregon prăjite, tocate
- 1 uncie de ciocolată semidulce rasă
- 4 lingurite Apa
- 1 lingurita de vanilie
- 8 uncii de cireşe roşii maraschino
- 2 linguriţe amidon de porumb
- ¼ cană apă
- 1 lingura de sare
- 1 lingură Kirsch (opţional)
- 1 litru de inghetata de vanilie

**INSTRUCŢIUNI:**
a) Combinaţi (½ pachet) amestecul de crustă de plăcintă cu zahăr, nuci şi ciocolată folosind un blender de patiserie. Amesteca apa cu vanilie. Se presară peste amestecul de pesmet şi se amestecă până se omogenizează bine.
b) Se transformă într-o farfurie de plăcintă de 9 inci bine unsă; apăsaţi bine amestecul pe fund şi pe lateral. Coaceţi în cuptorul 375 timp de 15 minute.
c) Se răceşte pe grătar. Acoperiţi şi lăsaţi să stea câteva ore sau peste noapte. Scurgeţi cireşele, rezervând siropul. Tăiaţi cireşe grosier.
d) Amestecaţi siropul cu amidonul de porumb, ¼ cană apă şi sare într-o cratiţă; adăugaţi cireşe. Gatiti la foc mic pana limpede. Se ia de pe foc şi se răceşte bine.
e) Adăugaţi Kirsch şi răciţi. Puneti inghetata in coaja de placinta.
f) Turnaţi glazura de cireşe peste plăcintă şi serviţi imediat.

# Plăcinte cu ierburi și flori

## 63. Placintă espresso cu ciocolată și mentă

Face 6 până la 8 porții

## INGREDIENTE:
- 2 cani de fursecuri vegane cu ciocolata sau fursecuri cu sandvici cu ciocolata cu aroma de menta
- 1 pachet (12 uncii) chipsuri de ciocolată vegană semidulce
- 1 pachet (12,3 uncii) de tofu ferm mătăsos, scurs și mărunțit
- 2 linguri sirop de arțar pur sau nectar de agave
- 2 linguri lapte de soia simplu sau vanilat
- 2 linguri crème de menthe
- 2 lingurițe pudră espresso instant

## INSTRUCȚIUNI:
a) Preîncălziți cuptorul la 350°F. Unge ușor o farfurie de plăcintă de 8 inci și pune deoparte.
b) Dacă folosiți prăjituri tip sandwich, despărțiți-le cu grijă, păstrând umplutura de cremă într-un bol separat. Se macină fin fursecurile într-un robot de bucătărie. Adăugați margarina vegană și pulsați până se incorporează bine.
c) Apăsați amestecul de pesmet în fundul tigaii pregătite. Coaceți timp de 5 minute. Dacă folosiți prăjituri tip sandwich, cât timp crusta este încă fierbinte, întindeți umplutura de cremă rezervată peste crusta. Se lasa deoparte la racit, timp de 5 minute.
d) Topiți fulgii de ciocolată într-un boiler sau cuptor cu microunde. Pus deoparte.
e) Într-un blender sau robot de bucătărie, combinați tofu, siropul de arțar, laptele de soia, crema de menthe și pudra de espresso. Procesați până la omogenizare
f) Amestecați ciocolata topită în amestecul de tofu până când se incorporează complet. Întindeți umplutura în crusta pregătită. Dati la frigider cel putin 3 ore pentru a se intari inainte de servire.

## 64. Plăcinte cu rozmarin, cârnați și brânză

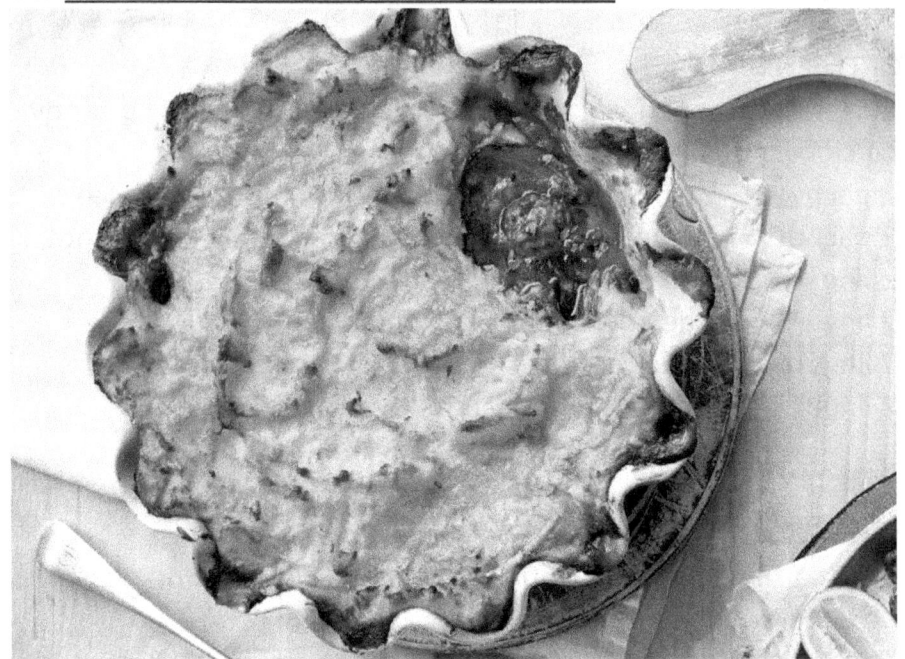

Produce: 2

**INGREDIENTE:**
- ¾ cană brânză cheddar, rasă
- ¼ cană ulei de cocos
- 5 gălbenușuri de ou
- ½ linguriță rozmarin
- ¼ lingurita bicarbonat de sodiu
- 1 ½ cârnați de pui
- ¼ cană făină de cocos
- 2 linguri lapte de cocos
- 2 linguri de suc de lamaie
- ¼ lingurita piper cayenne
- 1/8 linguriță sare kosher

**INSTRUCȚIUNI:**
a) Setați cuptorul la 350 F.
b) Tăiați cârnații, încălziți tigaia și gătiți cârnații. În timp ce cârnații se gătesc, combinați toate ingredientele uscate într-un castron. Într-un alt bol combinați sucul de lămâie, uleiul și laptele de cocos. Adăugați lichide la amestecul uscat și adăugați ½ cană de brânză; se pliază pentru a se combina și se pune în 2 rame.
c) Adăugați cârnați gătiți în aluat și folosiți o lingură pentru a împinge amestecul.
d) Coaceți 25 de minute până devin aurii deasupra. Acoperiți cu brânză rămasă și puneți la grătar timp de 4 minute.
e) Serviți cald.

## 65. Plăcintă cu panseluță cu lămâie

Face: 8 portii

**INGREDIENTE:**
- Aluat foietaj
- 2 oua
- 3 gălbenușuri de ou
- ¾ cană de zahăr
- ½ cană suc de lămâie
- 1 lingura coaja rasa de lamaie
- 1 cană smântână groasă
- 1 pachet de gelatină nearomatizată
- ¼ cană apă
- panseluțe cristalizate

**INSTRUCȚIUNI:**
a) Într-o cratiță de 1 litru cu un tel de sârmă, bateți ouăle, gălbenușurile, zahărul, zeama de lămâie și coaja.
b) Gatiti la foc mic, amestecand continuu cu o lingura de lemn pana cand amestecul se ingroasa si imbraca lingura pentru aproximativ 10 minute.
c) Se strecoară și se pune deoparte.
d) Când aluatul s-a răcit, încălziți cuptorul la 400 °F. Între 2 foi de hârtie cerată cu făină, întindeți aluatul până la o rotundă de 11 inci. Scoateți foaia de hârtie de sus și răsturnați aluatul într-o farfurie de plăcintă de 9 inci, lăsând excesul să se extindă peste margine.
e) Scoateți foaia rămasă de hârtie cerată. Îndoiți excesul de aluat dedesubt astfel încât să fie egal cu marginea farfuriei.
f) Cu o furculiță, străpungeți fundul și de jur împrejur lateralul aluatului pentru a preveni contractarea. Tapetați aluatul cu folie de aluminiu și umpleți cu fasole uscată nefiertă sau cu greutăți pentru plăcintă.
g) Coaceți crusta de patiserie timp de 15 minute, îndepărtați folia cu fasole și coaceți 10 până la 12 minute mai mult sau până când crusta devine aurie. Răciți crusta complet pe grătar.

h) Când crusta de patiserie s-a răcit, bateți smântâna până se formează vârfuri moi și lăsați deoparte.
i) Într-o tigaie, amestecați gelatina și apa și încălziți la foc mic, amestecând până când gelatina se dizolvă.
j) Amestecați amestecul de gelatină în amestecul de lămâie răcit. Îndoiți frișca în amestecul de lămâie până se omogenizează. Ungeți umplutura cu cremă de lămâie într-o crustă de patiserie și dați la frigider timp de 2 ore sau până când se întărește.
k) Inainte de servire, asezati panselutele in jurul marginii si in centrul placintei, daca doriti.

**Plăcinte cu carne și pui**

## 66. Plăcinte pentru micul dejun cu ouă

Produce: 4

**INGREDIENTE:**
- 250 g de foietaj gata rulat
- 4 ouă crescute în aer liber
- 2 ciuperci feliate
- 6-8 felii de slănină striată
- Roșii cherry
- Cimbru proaspăt
- Fulgi de ardei iute afumati uscati
- Brânză groasă de brânză la alegere

**Directii**
a) Mai întâi, lăsați cuptorul să se răcească până ajunge la 180°C.
b) Tăiați aluatul foietaj în patru pătrate și puneți-l pe o tavă tapetată cu hârtie de copt pentru copt la foc mare.
c) Coaceți timp de 10 minute sau până când aluatul s-a umflat și a început să devină maro auriu.
d) Prăjiți-vă slănina. Adăugați ciupercile și un strop de ulei de măsline după ce slănina a început să se gătească.
e) După ce scoateți plăcintele din cuptorul cu lemne, apăsați în jos centrul fiecăreia pentru a ridica ușor părțile laterale.
f) Așezați deasupra slănina și ciupercile, urmate de o stropire generoasă de brânză. Adăugați câteva roșii cherry pe margini dacă vă simțiți îndrăzneți.
g) În cuptorul cu lemne, spargeți un ou în centrul fiecărei plăcinte și gătiți încă 10-15 minute.
h) Când ouăle sunt gata, scoate-le din tigaie și bucură-te de deliciile tale delicioase pentru micul dejun!

## 67. Plăcinte cu brânză și cârnați

Produce: 2

**INGREDIENTE:**
- 1 ½ bucată de cârnați de pui
- ½ linguriță rozmarin
- ¼ lingurita bicarbonat de sodiu
- ¼ cană făină de cocos
- ¼ lingurita piper cayenne
- 1/8 lingurita sare
- 5 gălbenușuri de ou
- 2 linguri de suc de lamaie
- ¼ cană ulei de cocos
- 2 linguri lapte de cocos
- ¾ brânză cheddar, rasă

**INSTRUCȚIUNI:**
a) Setați cuptorul la 350 F.
b) Tăiați cârnații, încălziți tigaia și gătiți cârnații. În timp ce cârnații se gătesc, combinați toate ingredientele uscate într-un castron. Într-un alt bol combinați gălbenușurile de ou, sucul de lămâie, uleiul și laptele de cocos. Adăugați lichide la amestecul uscat și adăugați ½ cană de brânză; se pliază pentru a se combina și se pune în 2 rame.
c) Adăugați cârnați gătiți în aluat și folosiți o lingură pentru a împinge amestecul.
d) Coaceți 25 de minute până devin aurii deasupra. Acoperiți cu brânză rămasă și puneți la grătar timp de 4 minute.
e) Serviți cald.

## 68. Rozmarin, Plăcinte cu cârnați de pui

Produce: 2

**INGREDIENTE:**
- ¾ cană brânză cheddar, rasă
- ¼ cană ulei de cocos
- 5 gălbenușuri de ou
- ½ linguriță rozmarin
- 1/4 lingurita bicarbonat de sodiu
- 1 ½ cârnați de pui
- ¼ cană făină de cocos
- 2 linguri lapte de cocos
- 2 linguri de suc de lamaie
- 1 lingurita piper cayenne
- 1/8 linguriță sare kosher

**INSTRUCȚIUNI:**
a) Setați cuptorul la 350 F.
b) Tăiați cârnații, încălziți tigaia și gătiți cârnații. În timp ce cârnații se gătesc, combinați toate ingredientele uscate într-un castron. Într-un alt bol combinați sucul de lămâie, uleiul și laptele de cocos. Adăugați lichide la amestecul uscat și adăugați ½ cană de brânză; se pliază pentru a se combina și se pune în 2 rame.
c) Adăugați cârnați gătiți în aluat și folosiți o lingură pentru a împinge amestecul.
d) Coaceți 25 de minute până devin aurii deasupra. Acoperiți cu brânză rămasă și puneți la grătar timp de 4 minute.
e) Serviți cald.

## 69. Plăcintă cu pui

Produce: 5

**INGREDIENTE:**
- ½ lb. pulpe de pui dezosate tăiate în bucăți mici
- 3,5 oz bacon, tocat
- 1 morcov, tocat
- ¼ cană pătrunjel, tocat
- 1 cană smântână groasă
- 2 praz de ceapa, tocat
- 1 cană de vin alb
- 1 lingura ulei de masline
- Sare si piper dupa gust

**PENTRU CRASTĂ**
- 1 cană făină de migdale
- 2 linguri de apă
- 1 lingura stevia
- 1½ lingurita de unt
- ½ linguriță sare

**INSTRUCȚIUNI:**
a) Pregătiți mai întâi crusta combinând toate ingredientele . Pus deoparte.
b) Încinge uleiul de măsline într-o tigaie la foc mediu-înalt. Se aruncă prazul tocat și se amestecă. Transferați pe o farfurie.
c) Se arunca carnea de pui si baconul si se fierbe pana se rumeneste si se adauga prazul.
d) Se adauga morcovii si se toarna vinul alb si apoi se reduce focul la mediu.
e) Adăugați pătrunjelul și turnați smântâna groasă în amestecați bine. Transferați într-o tavă de copt.
f) Se acopera cu crusta pregatita si se da la cuptor pana cand crusta devine maro aurie si crocanta.
g) Lăsați să se odihnească timp de 20 de minute înainte de servire.

## 70. plăcintă cu elani

Face: 1 porție

**INGREDIENTE:**
- 1½ kg friptură de elan, tăiată 1/2 c. făină
- 1 ceapa medie, tocata
- 1 cățel de usturoi tocat
- 3 linguri de ulei
- 2 căni de apă
- 2 linguri sos Worcestershire
- 1 lingurita Maghiran
- 1 lingurita Cimbru
- 1 linguriță sămânță de țelină
- 1 lingurita Sare
- ½ lingurita Piper
- 1 frunză de dafin
- Cartofi și morcovi tăiați cubulețe
- Mazăre congelată sau fasole verde
- Crustă de plăcintă

**INSTRUCȚIUNI:**
a) Agitați friptura cubulețe în pungă de plastic cu făină, câteva cuburi o dată.
b) Rumeniți elanul și ceapa și usturoiul în ulei încălzit, până când elanul se rumenește. Adăugați apă, ierburi, sos Worcestershire, sare și ardei.
c) Se aduce la fierbere, se reduce focul, se fierbe 1 oră și jumătate. Adăugați cartofii și morcovii, gătiți aproximativ 30 până la 45 de minute mai mult. Adăugați mazărea. Se toarnă în tava de plăcintă. Acoperiți cu crustă de plăcintă, marginea canelului, tăiați fante în partea de sus.
d) Coaceți 15 până la 20 de minute sau până când crusta se rumenește frumos.

# Plăcinte cu cereale și paste

## 71. Plăcintă cu tamale nu atât de banal

Produce: 8

**INGREDIENTE:**
- 2 lingurite ulei vegetal, sau la nevoie
- 1 ceapa mica, tocata
- 1 ½ kg carne de vită măcinată
- 1 cutie (15 uncii) de fasole pinto, clătită și scursă
- 1 cutie (15 uncii) de fasole neagră, clătită și scursă
- ½ cană de amestec de brânză mexicană mărunțită
- 1 cutie (14 uncii) de roșii tăiate cubulețe cu ardei iute verzi
- 2 pachete (8,5 uncii) amestec de pâine de porumb
- ⅔ cană lapte
- 2 ouă mari

**Directii**
a) Preîncălziți cuptorul la 400 de grade F (200 de grade C).
b) Încinge uleiul într-o tigaie de fontă la foc mediu-mare; căliți ceapa până se rumenește ușor, 5 până la 10 minute. Adăugați carne de vită; gătiți și amestecați până când carnea de vită se rumenește și sfărâmicios, 5 până la 10 minute. Amestecați fasolea pinto și fasolea neagră în amestecul de carne de vită.
c) Presărați amestecul de brânză mexicană peste amestecul de carne de vită-fasole; se amestecă. Amesteca rosiile taiate cubulete cu ardei iute verzi în amestec de carne de vită-fasole.
d) Amestecați amestecul de pâine de porumb, laptele și ouăle într-un castron până când aluatul este omogen. Răspândire aluat peste amestecul de carne de vită-fasole.
e) Coacem in cuptorul preincalzit pana se introduce o scobitoare in centrul painei de porumb iese curat, 15 până la 20 de minute.

## 72. Spaghetti meatball pie

Face: 4-6

**INGREDIENTE:**
- 1 - 26 oz. pungă cu chifteluțe de vită
- 1/4 cană piper verde tocat
- 1/2 cană ceapă tocată
- 1 - 8 oz. pachet spaghete
- 2 oua, putin batute
- 1/2 cană parmezan ras
- 1-1/4 cani de brânză mozzarella mărunțită
- 26 oz. borcan cu sos de spaghete gros

**INSTRUCȚIUNI:**
a) Preîncălziți cuptorul la 375 °F. Se călește ardeii și ceapa până se înmoaie, aproximativ 10 minute. Pus deoparte.
b) Gătiți spaghetele, scurgeți și clătiți cu apă rece și uscați. Puneți într-un bol mare de amestecare.
c) Adăugați ouăle și parmezanul și amestecați pentru a se combina. Apăsați amestecul în partea de jos a unei farfurii de plăcintă de 9 inchi pulverizate. Acoperiți cu 3/4 cană de brânză mozzarella mărunțită. Dezghețați chiftelele congelate în cuptorul cu microunde timp de 2 minute.
d) Tăiați fiecare chifteluță în jumătate. Peste amestecul de brânză se pun jumătățile de chiftele. Combinați sosul de spaghete cu ardei și ceapă fierte.
e) Peste stratul de chiftele. Acoperiți lejer cu folie și coaceți timp de 20 de minute.
f) Scoateți din cuptor și presărați 1/2 cană de brânză mozzarella peste amestecul de sos de spaghete.
g) Continuați să coaceți descoperit timp de încă 10 minute până când devine clocotită. Tăiați felii și serviți.

# 73. Plăcintă cu tăiței cu susan și spanac

Face 4 portii

- ¾ cană tahini (pastă de susan)
- 3 catei de usturoi, tocati grosier
- 3 linguri de pastă de miso albă moale
- 3 linguri suc proaspăt de lămâie
- 1/4 linguriță cayenne măcinate
- 1 cană apă
- 8 uncii linguine, rupte în treimi
- 9 uncii de spanac proaspăt
- 1 lingura ulei de susan prajit
- 2 linguri de seminte de susan

**INSTRUCȚIUNI:**

a) Preîncălziți cuptorul la 350°F. Într-un robot de bucătărie, combinați tahini, usturoi, miso, sucul de lămâie, cayenne și apă și procesați până la omogenizare. Pus deoparte.

b) Gătiți linguine într-o cratiță mare cu apă clocotită cu sare, amestecând din când în când, până când sunt al dente, aproximativ 10 minute. Adăugați spanacul, amestecând până se ofilește, aproximativ 1 minut.

c) Se scurge bine, apoi se întoarce în oală. Se adauga uleiul si sosul tahini si se amesteca bine.

d) Transferați amestecul pe o farfurie de plăcintă adâncă de 9 inci sau într-o tavă rotundă de copt. Se presara cu seminte de susan si se coace pana se fierbe, aproximativ 20 de minute. Serviți imediat.

## 74. Italian spaghetti pie

Face: 4 portii

## INGREDIENTE:
- 6 uncii Spaghete
- 2 linguri de unt sau margarina
- ⅓ cană parmezan ras
- 2 ouă bine bătute
- 1 cană brânză de vaci
- 1 kg carne de vită măcinată sau cârnați de porc în vrac
- ½ cană ceapă tocată
- ¼ cană de ardei verde tocat
- 1 cutie (8 oz) de roșii, zdrobite
- 1 conserve (6 oz.) de pastă de tomate
- 1 lingurita zahar
- 1 lingurita oregano uscat, zdrobit
- ½ linguriță sare de usturoi
- ½ cană brânză mozzarella mărunțită

## INSTRUCȚIUNI:
a) Gătiți spaghetele și scurgeți-le - amestecați untul sau margarina în spaghetele fierbinți. Se amestecă parmezanul și ouăle. Formați amestecul de spaghete într-o crustă, într-o farfurie de plăcintă unsă cu unt de 10 inci.

b) Răspândiți brânză de vaci peste partea de jos a crustei de spaghete. În tigaie gătiți carnea de vită, ceapa și ardeiul verde până când legumele sunt fragede și carnea este maronie.

c) Scurgeți excesul de grăsime. Se amestecă roșiile nescurcate, pasta de roșii, zahărul, oregano și sarea. Încălzește bine. Transformați amestecul de carne în crustă.

d) Coaceți neacoperit în cuptorul la 350 de grade timp de 20 de minute. Se presara branza mozzarella. Coaceți 5 minute sau până când brânza se topește.

## 75. Plăcintă cu porumb

Face: 8 portii

**INGREDIENTE:**
- ½ cană de margarină sau altă scurtătură
- 1 lingurita de vanilie
- 1 cană de lapte sau înlocuitor de lapte
- 3 ouă sau 1 ou întreg și 3 albușuri
- 1 cană de făină
- 1 lingurita Praf de copt
- 1 lingura de sare (optional)
- 2 conserve (16 oz) de porumb cremă

**INSTRUCȚIUNI:**
a) Adăugați toate ingredientele cu excepția porumbului și amestecați bine.
b) Adăugați porumbul, amestecați.
c) Coaceți la 350 de grade până când se întăresc, aproximativ o oră.

**Plăcinte PICANTE**

## 76. Plăcintă cu caramel de modă veche

Face: plăcintă de 1 - 9 inci

**INGREDIENTE:**
- 1 (9 inch) coajă de plăcintă, coaptă
- 1 cană zahăr alb
- ⅓ cană făină universală
- ⅛ linguriță sare
- 2 cani de lapte
- 4 gălbenușuri mari gălbenușuri de ou, bătute
- 1 cană zahăr alb

**Directii**

a) Într-o cratiță medie, amestecați împreună 1 cană de zahăr, făina, sarea, laptele și gălbenușurile de ou, amestecând până se omogenizează. Gătiți la foc mediu până când se îngroașă și clocotește, amestecând constant. Se ia de pe foc si se da deoparte.

b) Presărați 1 cană de zahăr rămasă într-o tigaie de fontă de 10 inci. Gatiti la foc mediu, amestecand continuu pana cand zaharul este caramelizat.

c) Se ia de pe foc și se toarnă cu grijă în amestecul de smântână caldă. Se amestecă până se omogenizează. Se toarnă amestecul în aluat. Se da la rece complet si se serveste cu frisca

## 77. Plăcintă cu mere cu scorţişoară şi zahăr

Produce: 10

**INGREDIENTE:**
- 2-1/2 căni de făină universală
- 1/2 lingurita sare
- 1-1/4 cani de untura rece
- 6 până la 8 linguri lapte rece 2%.

**UMPLERE:**
- 2-1/2 cani de zahar
- 1 lingurita scortisoara macinata
- 1/2 lingurita de ghimbir macinat
- 9 căni de mere de tartă tăiate felii subțiri (aproximativ 9 medii)
- 1 lingura de bourbon, optional
- 2 linguri de făină universală
- Sare
- 3 linguri de unt rece, taiate cubulete
- 1 lingura lapte 2%.
- 2 lingurite de zahar gros

**Directii**

a) Într-un castron mare, amestecați făina și sarea; se taie in untura pana se sfaramiciaza. Adăugați treptat laptele, amestecând cu o furculiță până când aluatul se ține împreună când este presat. Împărțiți aluatul în jumătate. Modelați fiecare într-un disc; înfășurați în plastic. Dați la frigider 1 oră sau peste noapte.

b) Pentru umplutură, într-un castron mare, amestecați zahărul, scorțișoara și ghimbirul. Adăugați merele și amestecați pentru a acoperi. Acoperi; se lasa sa stea 1 ora pentru a permite merele sa elibereze suc, amestecand din cand in cand.

c) Scurge merele, rezervând siropul. Puneți siropul și, dacă doriți, bourbonul într-o cratiță mică; aduce la fierbere. Reduce caldura; se fierbe, neacoperit, 20-25 de minute sau până când amestecul se îngroașă ușor și capătă o culoare chihlimbar medie. Se ia de pe foc; se răcește complet.

d) Preîncălziți cuptorul la 400°. Se amestecă merele scurse cu făină și sare. Pe o suprafață ușor înfăinată, rulați o jumătate de aluat într-un cerc gros de 1/8 inchi; transferați la un 10-in. fontă sau altă tigaie adâncă rezistentă la cuptor. Tăiați aluatul chiar și cu marginea. Adăugați amestecul de mere. Se toarnă deasupra siropul răcit; uns cu unt.

e) Rulați aluatul rămas într-un cerc de 1/8 inchi grosime. Se pune peste umplutură. Tăiați, sigilați și marginea flautului. Tăiați fante în partea de sus. Ungeți lapte peste aluat; se presară cu zahăr grosier. Se aseaza pe o tava tapetata cu folie de copt. Coaceți 20 de minute.

f) Reduceți setarea cuptorului la 350°. Coaceți 45-55 de minute mai mult sau până când crusta este maro aurie și umplutura este spumoasă. Se răcește pe un grătar.

## 78. Plăcintă cu mere cu caramel în tigaie murdară

Face: 7 portii

**INGREDIENTE:**

**CRASTĂ DE PLACINTĂ (FACE 2 CRASTĂ):**
- 2 ½ căni de făină universală
- 1 lingurita Sare Kosher
- 1 lingura zahar granulat
- ½ kilogram unt rece nesarat
- 1 cană apă rece
- ¼ cană oțet de mere

**CARAMEL (FACE SUFICIENTS PENTRU 2 PLACINTE):**
- 1 cană zahăr granulat
- ¼ cană unt nesărat
- ½ cană smântână grea pentru frișcă
- ½ linguriță sare de mare

**Umplutură de plăcintă cu mere (FACE SUFICIENȚĂ PENTRU 1 PLACINTĂ):**
- 3 kilograme de mere Granny Smith
- 1 lingura zahar granulat
- Suc de lămâie, după cum este necesar (aproximativ ¼ cană)
- 2-3 stropi de Angostura Bitters
- ⅓ cană de zahăr crud
- ¼ lingurita de scortisoara macinata
- ¼ de linguriță de ienibahar măcinat
- Un praf de nucsoara proaspat rasa
- ¼ linguriță sare Kosher
- 2 linguri de făină universală
- 2 linguri amidon de porumb
- 1 ou (pentru spălarea ouălor)
- Zahăr în stare brută pentru finisare

**INSTRUCȚIUNI:**

**PENTRU CRASTĂ DE PLACINTĂ:**
a) Amestecați făina, sarea și zahărul într-un castron.
b) Folosește o răzătoare de brânză pentru a rade untul rece în amestecul de făină.
c) Separat, combinați apa și oțetul într-un castron mic. Păstrați la rece.

d) Folosind mâinile pentru a combina, adăugați încet 2 linguri o dată de amestec de apă/oțet în amestecul de făină până când se combină. niste
e) pot rămâne bucăți uscate; asta e în regulă.
f) Separați aluatul în 2 părți și înfășurați fiecare secțiune separat în folie de plastic. Puneți la frigider să se răcească pentru cel puțin o oră sau peste noapte.
g) Întindeți separat o secțiune de aluat de plăcintă răcit (fiecare secțiune este o crustă) pe o suprafață ușor înfăinată.
h) Puneți crusta rulată într-o tavă de plăcintă unsă cu unsoare de 9 inci.

**PENTRU CARAMEL:**
i) Intr-o cratita topim zaharul la foc mic. NU-l lăsați să ardă.
j) Odată ce zahărul s-a topit, se ia de pe foc. Se bate untul.
k) Se amestecă smântâna grea pentru frișcă și sarea de mare.
l) Lasă-l să se răcească.

**PENTRU Umplutura de Plăcintă cu MERE:**
m) Curățați, curățați și tăiați merele. Puneți într-un recipient de 8 litri. Se amestecă fiecare bucată cu suc de lămâie și 1 lingură de zahăr granulat.
n) Presărați mere cu Bitter, zahăr în crud, scorțișoară măcinată, ienibahar, nucșoară, sare cușer, făină universală și amidon de porumb.
o) Amesteca bine.
p) Așezați strâns mere în coaja de plăcintă pregătită, punându-le ușor în centru.
q) Turnați ¾ de cană de sos de caramel răcit uniform peste mere.
r) Întindeți aluatul rămas pentru plăcintă ca crustă de sus pentru plăcintă; creați o zăbrele, dacă doriți. Ungeți marginile celor două cruste de plăcintă împreună.
s) Răciți plăcinta timp de 10-15 minute înainte de a o coace.
t) Se coace 20 de minute la 400 de grade; Coaceți încă 30 de minute la 375 de grade. Asigurați-vă că rotiți plăcinta dacă se întunecă pe o margine în timpul coacerii.
u) Se lasa sa se raceasca 2-3 ore inainte de servire. Tăiați în 7 felii.

## 79. Plăcinte cu parfait cu moale de ouă

Face: 6 portii

**INGREDIENTE:**
- 1 pachet de gelatină cu aromă de lămâie
- 1 cană apă fierbinte
- 1 litru de inghetata de vanilie
- ¼ lingurita de nucsoara
- ¾ lingurita aroma de rom
- 2 galbenusuri bine batute
- 2 albusuri batute spuma
- 4 până la 6 coji de tartă de patiserie coapte
- Frișcă Candy decorettes

**INSTRUCȚIUNI:**
a) Se dizolvă gelatina în apă fierbinte.
b) Tăiați înghețata în 6 bucăți, adăugați-o în gelatină și amestecați până se topește. Răciți până se întărește parțial.
c) Adauga nucsoara si aroma.
d) Se amestecă gălbenușurile de ou și se incorporează albușurile.
e) Se toarnă în coji de tartă răcite și se da la rece până se fixează.
f) Acoperiți cu frișcă și stropiți cu decorette de bomboane.

## 80. Plăcintă cu Tiramisu cu Mirodenii de Dovleac

Produce: o plăcintă de 9 inci

**INGREDIENTE:**
- 1 ½ cană de smântână groasă
- 2 ouă mari, separate
- ⅓ cană plus 1 lingură zahăr
- 1 cană mascarpone, la temperatura camerei
- ½ cană de piure de dovleac conservat
- 1 ½ linguriță de condiment pentru plăcintă de dovleac
- 1 ½ cani de espresso preparat, la temperatura camerei
- Pachet de 5,3 uncii de ladyfingers
- Ciocolată amăruie sau semidulce, pentru bărbierit

**INSTRUCȚIUNI:**

a) În vasul unui mixer cu suport prevăzut cu accesoriul pentru tel, bateți smântâna la viteză medie-mare până se formează vârfuri tari; se transferă într-un castron mic și se dă la frigider.

b) În vasul curățat al mixerului cu suport, prevăzut cu accesoriul pentru tel curățat, bate albușurile la viteză mare până se formează vârfuri moi. Adăugați 1 lingură de zahăr și bateți până se formează vârfuri tari; transferați într-un castron mic.

c) În bolul curățat al mixerului cu suport, prevăzut cu accesoriul pentru tel curățat, bateți gălbenușurile de ou și ⅓ de cană de zahăr rămasă la viteză mare până se îngroașă și devine galben pal. Îndoiți ușor mascarpone, piureul de dovleac, condimentul pentru plăcintă de dovleac și o treime din frișcă în amestecul de gălbenușuri de ou. Se adauga usor albusurile batute spuma si se da la frigider.

d) Pune espresso-ul pe o farfurie mică. Înmuiați ambele părți ale degetelor în espresso și aranjați-le într-un vas de plăcintă de 9 inci pentru a căptuși complet fundul. Acoperiți cu jumătate din amestecul de dovleac, mai multe degete de dovleac înmuiate în espresso și amestecul de dovleac rămas. Acoperiți plăcinta cu frișca rămasă și așchii de ciocolată. Se da la rece timp de 8 ore sau până la noapte, până când este gata de servire.

## 81. Plăcintă cu chiflă cu scorțișoară

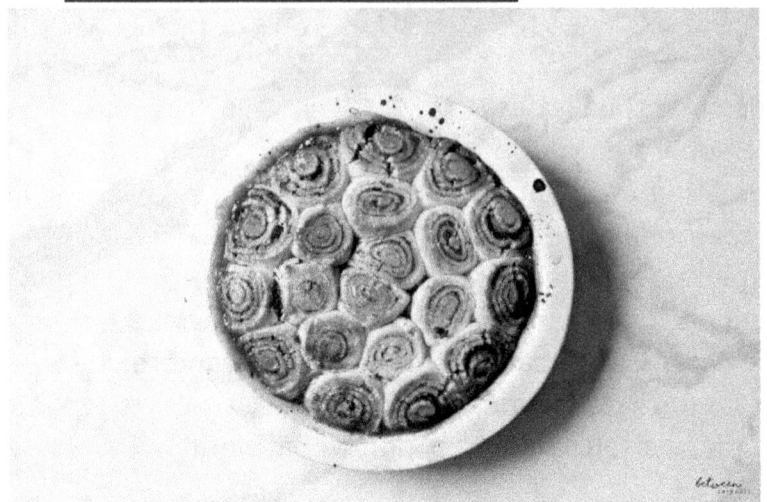

FACE 1 PLAINTA (10-INCH); PORTI 8 PÂNĂ 10

**INGREDIENTE:**
- ½ porție de aluat matern, dozat
- 30 g faina, pentru pudrat [3 linguri]
- 80 g unt brun [¼ cană]
- 1 porție Cheesecake lichid
- 60 g zahăr brun deschis [¼ cană bine ambalat]
- 1 g sare cușer [¼ linguriță]
- 2 g scorțișoară măcinată [1 linguriță]
- 1 porție de scorțișoară Streusel

**Directii**
a) Încinge cuptorul la 350°F.
b) Loviți și aplatizați aluatul fermentat.
c) Luați un praf de făină și aruncați-l pe suprafața unui blat neted și uscat de parcă ați sări peste o piatră pe apă, pentru a acoperi ușor blatul. Mai luați un praf de făină și pudrați ușor un sucitor. Folosiți sucitorul pentru a aplatiza cercul de aluat perforat, apoi întindeți aluatul cu sucitorul sau întindeți aluatul cu mâna ca și cum ați face o pizza de la zero. Scopul tău final este de a crea un cerc mare care are aproximativ 11 inci în diametru. Păstrați tava de plăcintă de 10 inci în apropiere pentru referință. Rotunda de aluat de 11 inci trebuie să aibă o grosime de ¼ până la ½ inch.
d) Puneți ușor aluatul în tava de plăcintă. Alternați între utilizarea degetelor și a palmelor pentru a apăsa ferm aluatul în poziție. Pune forma de plăcintă pe o tavă de foaie.
e) Folosiți dosul unei linguri pentru a întinde jumătate din untul brun într-un strat uniform peste aluat.
f) Folosește dosul altei linguri (nu vrei unt brun în stratul tău de cheesecake alb-crem!) pentru a întinde jumătate din cheesecake lichid într-un strat uniform peste untul maro. Întindeți restul de unt brun într-un strat uniform peste cheesecake-ul lichid.

g) Presărați zahărul brun deasupra untului brun. Loviți-l cu dosul mâinii pentru a-l menține pe loc. Se presara apoi uniform cu sare si scortisoara.
h) Acum pentru cel mai complicat strat: cheesecake-ul lichid rămas. Rămâneți rece și întindeți-l cât mai ușor posibil pentru a obține cel mai uniform strat posibil.
i) Presărați Streusel uniform deasupra stratului de cheesecake. Folosiți dosul mâinii pentru a fixa Streusel.
j) Coaceți plăcinta timp de 40 de minute. Crusta se va umfla și se va rumeni, cheesecake-ul lichid se va întări, iar toppingul Streusel se va rumeni și se va rumeni. După 40 de minute, agitați ușor tigaia. Centrul plăcintei trebuie să fie ușor agitat. Umplutura trebuie fixată spre limitele exterioare ale formei de plăcintă. Dacă o parte din umplutură a izbucnit pe tava de mai jos, nu vă faceți griji - consideră-o o gustare pentru mai târziu. Dacă este necesar, coaceți încă 5 minute, până când plăcinta corespunde descrierii de mai sus.
k) Răciți plăcinta pe un grătar. Pentru depozitare, se răcește complet plăcinta și se înfășoară bine în folie de plastic. La frigider, plăcinta se va păstra proaspătă timp de 3 zile (crusta se învețește rapid); la congelator se va păstra 1 lună.
l) Când sunteți gata să serviți plăcinta, să știți că este cel mai bine servită caldă! Tăiați și puneți fiecare felie la microunde timp de 30 de secunde sau încălziți întreaga plăcintă într-un cuptor la 250 ° F timp de 10 până la 20 de minute, apoi feliați și serviți.

## 82. Înghețată cu scorțișoară cu fulgi de ovăz

Face aproximativ 1 litru

**INGREDIENTE:**
- Baza goala pentru inghetata
- 1 cană de ovăz
- 1 lingura scortisoara macinata

**INSTRUCȚIUNI:**
a) Pregătiți baza goală conform instrucțiunilor.
b) Într-o tigaie mică, la foc mediu, combinați ovăzul și scorțișoara. Prăjiți, amestecând regulat, timp de 10 minute, sau până când se rumenesc și sunt aromați.
c) Pentru a infuza, adăugați scorțișoara prăjită și ovăzul la bază pe măsură ce se desprind de pe aragaz și lăsați să se infuzeze timp de aproximativ 30 de minute. Folosind o strecurătoare plasată peste un castron; strecoare solidele, apăsând pentru a vă asigura că obțineți cât mai multă cremă aromată. S-ar putea să treacă puțină pulpă de fulgi de ovăz, dar e în regulă – este delicioasă! Rezervă solidele din fulgi de ovăz pentru rețeta de fulgi de ovăz!
d) Veți pierde puțin amestec din cauza absorbției, astfel încât Produsele de pe această înghețată vor fi puțin mai puține decât de obicei.

e) Păstrați amestecul în frigider peste noapte. Când sunteți gata să faceți înghețata, amestecați-o din nou cu un blender de imersie până când este omogenă și cremoasă.
f) Se toarnă într-un aparat de înghețată și se congelează conform instrucțiunilor producătorului. Păstrați într-un recipient ermetic și congelați peste noapte.

## 83. Plăcintă cu nucă de cocos Amaretto

Face: plăcintă de 1 - 9 inch

**INGREDIENTE:**
- ¼ cană unt; sau margarina, softnd
- 1 cană de zahăr
- 2 ouă mari
- ¾ cană lapte
- ¼ cană Amaretto
- ¼ cană făină cu auto-creștere
- ⅔ cană fulgi de nucă de cocos

**INSTRUCȚIUNI:**
a) Bateți untul și zahărul la med. viteza unui mixer electric până devine ușor și pufos. Adăugați ouăle; bate bine.
b) Adauga laptele, amaretto si faina, batand bine.
c) Se amestecă nuca de cocos. Turnați amestecul într-o farfurie de 9 inchi unsă ușor.
d) Se coace la 350~ timp de 35 de minute. sau până când se fixează. Se răcește complet pe un grătar.

## 84. Plăcintă cu cremă Amish

Face : 1 porție

**INGREDIENTE:**
- ⅓ cană Zahăr
- 2 lingurite Făină
- ½ lingurita Sare
- 3 ouă
- 3 căni Lapte
- ¼ de lingurita Nucşoară
- 1 coajă de plăcintă necoaptă de 9 inci

**INSTRUCȚIUNI:**
a) Se amestecă zahărul, făina, sarea și ouăle și se amestecă până se omogenizează. Se încălzește laptele până la punctul de fierbere.
b) Adăugați 1 cană de lapte fierbinte la amestecul de ouă. Turnați asta în laptele fierbinte rămas.
c) Se toarnă în coajă de plăcintă necoaptă. Presărați nucşoară deasupra. Coaceți la 350 de grade F. timp de 45-60 de minute.

# PÂCINTE WHOPIE

## 85. Tiramisu Whoopie Pies

Face: 6 portii

**INGREDIENTE:**
**cookie-uri:**
- 2 cani de faina de migdale
- 3 linguri proteine din zer fără arome
- ½ cană de îndulcitor granular de fructe de călugăr
- 2 lingurite praf de copt
- ½ lingurita de bicarbonat de sodiu
- ½ lingurita sare
- ½ cană de unt tăiat cubulețe mici
- ½ cană de înlocuitor de zahăr cu conținut scăzut de carbohidrați sau ½ cană de îndulcitorul preferat cu conținut scăzut de carbohidrați
- 2 ouă mari
- 1 lingurita extract de vanilie
- ½ cană smântână plină de grăsimi
- pudră de cacao pentru praf

**UMPLERE:**
- ¼ cană cafea espresso rece sau cafea tare
- 1 lingura rom negru optional sau sub cu lichiorul la alegere
- 8 uncii de brânză mascarpone
- 2 linguri de înlocuitor de zahăr cu conținut scăzut de carbohidrați
- vârf de cuțit de sare
- ½ cană smântână groasă
- 2 lingurite extract de vanilie
- 2 lingurițe de rom negru opțional sau sub cu lichiorul la alegere

**INSTRUCȚIUNI:**
a) Preîncălziți cuptorul la 350 °F. Pulverizați tava pentru plăcintă cu whoopie cu spray antiaderent.
b) Amestecă într-un castron făina de migdale, pudra proteică, îndulcitorul de zahăr brun, praful de copt, bicarbonatul de sodiu și sare. Pus deoparte.

c) Bateți untul și zahărul cu un mixer la viteză medie-mare, până devin cremos; aproximativ 2 minute. Se adauga ouale si 1 lingurita de vanilie, batand pana se incorporeaza. Răzuiți părțile laterale ale vasului. Se adauga smantana, apoi se usuca amestecul.
d) Folosind o linguriță mică, introduceți aluatul în fiecare formă pentru plăcintă, umplând aproximativ ⅔ din spațiu. Puneți puțină pudră de cacao într-o strecurătoare mică și presărați puțin din pudră de cacao deasupra fiecărei lingurițe.
e) Coaceți până când marginile sunt aurii, aproximativ 10-12 minute.
f) Se răcește pe un grătar timp de aproximativ 10 minute, apoi se scot fursecurile din tavă și se lasă să se răcească.
g) După ce s-au răcit, întoarceți fursecurile cu susul în jos pe grătar.
h) Amestecă espresso și 3 linguri de rom închis într-un castron mic. Întindeți aproximativ ¼ de linguriță de lichid espresso pe partea de jos a fiecărui fursec.
i) Bateți brânza mascarpone, înlocuitorul de zahăr cu conținut scăzut de carbohidrați, sarea, smântâna groasă de vanilie și 1 l. rom negru cu un mixer până la omogenizare. Puneți câteva dintre amestecurile de brânză mascarpone pe jumătatea de ciocolată din fursecuri. Puneți cealaltă jumătate de fursecuri deasupra.
j) Serviți imediat sau puneți la frigider.

## 86. Plăcintă cu melasă

Face: 1 porție

**INGREDIENTE:**
- 2 oua
- 2 căni de zahăr brun
- 1 cană melasă
- 1 cană margarină
- 1½ cană lapte dulce
- 4 lingurite de bicarbonat de sodiu
- ½ linguriță de ghimbir
- ½ linguriță scorțișoară
- ½ linguriță cuișoare
- 5 căni de făină
- 2 albușuri
- 2 lingurite de vanilie
- 4 linguri Faina
- 2 linguri de lapte
- 1½ cană ulei vegetal
- 1 kilogram 10 x zahăr

**INSTRUCȚIUNI:**

a) Smântână, zahăr și ouă. Adăugați melasă, lapte și ingrediente uscate.

b) Puneți cu linguri pe tava de copt. Coaceți 350 8-10 minute. Umplutură: bate albușurile spumă.

c) Se adauga vanilia, faina si laptele. Se bate bine si se adauga scurtatura si zaharul.

d) Când prăjitura se răcește, întindeți umplutura pe două și puneți împreună.

## 87. Plăcintă whoopie cu fulgi de ovăz

Face: 1 porție

**INGREDIENTE:**
- 2 căni de zahăr brun
- ¾ cană scurtare
- 2 oua
- ½ lingurita Sare
- 1 lingurita scortisoara
- 1 lingurita Praf de copt
- 1 lingurita de bicarbonat de sodiu
- 3 linguri de apă clocotită
- 2½ cană de făină
- 2 căni de fulgi de ovăz
- 2 albusuri, batute
- 2 lingurite de vanilie
- 4 linguri Faina
- 2 linguri 10X zahar
- 4 linguri lapte
- 1½ cană de shortening solid Crisco
- 4 cesti 10X zahar

**INSTRUCȚIUNI:**
a) Cremă de zahăr brun și shortening. Adăugați ouăle și bateți. Adăugați sare, scorțișoară și praf de copt. Se dizolvă bicarbonatul de sodiu în apă clocotită și se adaugă la amestec. Adăugați făină și fulgi de ovăz. Se pune pe tava unsă cu uns și se coace 8 până la 10 minute la 350 de grade. Se răcește complet.
b) Umpleți, folosind umplerea de mai jos. Faceți prăjituri de tip sandwich. Bate albusurile, adauga vanilie, 4 linguri faina, 2 linguri zahar 10X si lapte.
c) Adauga scurtatura si bate bine. Adăugați 4 căni 10X zahăr și bateți din nou.
d) Faceți sandvișuri.

# Plăcinte

## 88. Plăcintă cu ciuperci și vițel

Face: 4 portii

**INGREDIENTE:**
- 1 kg tocană de vițel
- 3 linguri făină universală
- ¼ lingurita Sare
- ½ lingurita Piper
- 1 lingura ulei vegetal
- 1 ceapa, tocata
- 1 cățel de usturoi, tocat
- 2 morcovi, tocați
- 3 cani de ciuperci, feliate
- ½ linguriță de salvie uscată
- 2 căni de supă de vită
- 2 linguri vermut uscat [optl]
- 1 lingură Pastă de tomate
- 1 lingurita sos Worcestershire
- 1 cană mazăre congelată
- 1¼ cană făină universală
- 1 lingura patrunjel proaspat, tocat
- 2 lingurițe Praf de copt
- ¾ lingurita de bicarbonat de sodiu
- praf de sare
- un praf de piper
- 3 linguri de unt, rece
- ¾ cană iaurt simplu cu conținut scăzut de grăsimi

**INSTRUCȚIUNI:**

a) Tăiați carnea de vițel; tăiate în bucăți de mărimea unei mușcături. Într-o pungă de plastic, combinați făina cu sarea și jumătate din piper. se pune carnea de vițel în amestecul de făină, în reprize dacă este necesar.

b) Într-o tigaie mare și adâncă antiaderentă, încălziți jumătate din ulei la foc mediu-mare; rumeniți carnea în loturi, adăugând uleiul rămas după caz. Transferați pe farfurie; pus deoparte.

c) Amestecați ceapa, usturoiul, morcovii, ciupercile, salvie și 1 lingură de apă în tigaie; gătiți, amestecând, timp de aproximativ 7 minute sau până când devin aurii și umezeala se evaporă.
d) Se amestecă ⅔ cană de apă, bulion, vermut, pastă de roșii, Worcestershire, ardeiul rămas și carnea rezervată. se aduce la fiert; reduceți focul și fierbeți, acoperit, amestecând din când în când, timp de 1 oră.
e) Descoperi; gătiți aproximativ 15 minute sau până când carnea este fragedă și sosul este îngroșat. Se amestecă mazărea; lasa sa se raceasca. Se toarnă într-o tavă pătrată de copt de 8 inci.
f) Topping ușor de biscuiți: Într-un castron mare, amestecați împreună făina, pătrunjelul, praful de copt, bicarbonatul de sodiu, sarea și piperul; tăiați în unt până când amestecul seamănă cu firimituri grosiere. Adăugați iaurt dintr-o dată; se amestecă cu furculița pentru a face un aluat moale, ușor lipicios.
g) Pe o suprafață ușor înfăinată, frământați ușor aluatul de 8 ori sau până când este omogen.
h) Întindeți ușor aluatul într-un pătrat de 8 inci. Tăiați în 16 pătrate egale. Se pune peste amestecul de vițel pe 4 rânduri.
i) Coaceți în cuptor la 450F 230C timp de 25-30 de minute sau până când devine spumoasă, crusta este aurie și biscuiții sunt gătiți dedesubt când sunt ridicați ușor.
j) Se serveste cu dovlecei sotati.

## 89. Plăcintă cu pui cu cheddar

Face: 6 portii

**INGREDIENTE:**

**CRUSTĂ**
- 1 cană amestec de copt cu conținut scăzut de grăsimi
- ¼ cană apă

**UMPLERE**
- 1½ cană supă de pui
- 2 cani de cartofi, curatati si
- Cuburi
- 1 cană Morcovi, feliați
- ½ cană țelină, feliată
- ½ cană ceapă, tocată
- ½ cană ardei gras, tocat
- ¼ cană făină nealbită
- 1½ cană lapte degresat
- 2 căni de brânză cheddar fără grăsimi --Ras
- 4 cesti de pui, carne usoara fara piele
- Fiertă și tăiată cuburi
- ¼ lingurita condiment pentru pasare

**INSTRUCȚIUNI:**

a) Preîncălziți cuptorul la 425. Pentru a pregăti crusta, combinați 1 cană de amestec de copt și apă până se formează un aluat moale; bate energic. Se netezește ușor aluatul într-o bilă pe suprafața tapetă cu făină. Se framanta de 5 ori. Urmați instrucțiunile în consecință pentru crustă. Pentru a pregăti umplutura, încălziți bulionul într-o cratiță.

b) Adăugați cartofi, morcovi, țelină, ceapă și ardei gras. Se fierbe 15 minute sau până când totul este fraged. Amestecați faina cu laptele. Se amestecă în amestecul de bulion. Gatiti si amestecati la foc mediu pana se ingroasa usor. Se amestecă brânză, pui și condimente de pasăre. Se încălzește până se topește brânza. Se pune într-un vas de 2 litri. Pune crusta peste umplutură în caserolă. Sigilați marginile. Faceți fante în crustă pentru abur.

c) Coaceți, timp de 40 de minute sau pană se rumenesc.

## 90. Plăcintă cu oală de porc de la fermă

Face: 6 portii

**INGREDIENTE:**
- 2 cepe, mari, tocate
- 2 morcovi, mari, feliați
- 1 Cap de varză, mic, tocat
- 3 căni de porc, fiartă, tăiată cubulețe
- Sarat la gust
- 1 aluat pentru plăcintă de 9 inci
- ¼ cană unt sau margarină
- 2 cartofi, mari, tăiați cubulețe
- 1 conserve bulion de pui (14 oz)
- 1 lingura de bitter aromatic Angostura
- Piper alb după gust
- 2 lingurițe de semințe de chimen

**INSTRUCȚIUNI:**

a) 1. Căleți ceapa în unt până devine aurie. 2. Adăugați morcovi, cartofi, varză, bulion, porc și bitter; acoperiți și gătiți până când varza este fragedă, aproximativ 30 de minute.

b) 3. Asezonați cu sare și piper alb după gust. 4. Pregătiți aluatul, adăugând semințe de chimen. 5. Întindeți aluatul pe o placă ușor făinată până la o grosime de ⅛ inch; decupați șase cercuri de 6 inchi deasupra a șase tigăi de plăcintă de 5 inci. 6. Împărțiți umplutura în mod egal în tavile pentru plăcintă; Acoperiți cu cruste, lăsând aluatul să atârne ½ inch peste laturile tigaii. 7. Tăiați o cruce pe centrul fiecărei plăcinte; trageți înapoi punctele de patiserie pentru a deschide blaturile plăcintelor.

c) Coaceți la 400'F preîncălzit. cuptor 30 până la 35 de minute, sau până când crusta este maronie și umplutura este spumoasă.

## 91. Plăcintă cu homar

Face: 6 portii

**INGREDIENTE:**
- 6 linguri de unt
- 1 cană ceapă tocată
- ½ cană țelină tocată
- Sare; la gust
- Piper alb proaspăt măcinat; la gust
- 6 linguri Faina
- 3 căni de fructe de mare sau supă de pui
- 1 cană de lapte
- 2 căni de cartofi tăiați cubulețe; albit
- 1 cană morcovi tăiați cubulețe; albit
- 1 cană mazăre dulce
- 1 cana sunca copta taiata cubulete
- 1 kg carne de homar; fierte, tăiate cubulețe
- ½ cană apă -; (la 1 cana)
- ½ Rețetă Crustă de plăcintă cu sărate de bază
- Întinsă la dimensiunea tigaii

**INSTRUCȚIUNI:**
a) Preîncălziți cuptorul la 375 de grade. Ungeți o tavă dreptunghiulară de sticlă. Într-o tigaie mare, topește untul. Adaugati ceapa si telina si caliti 2 minute.
b) Asezonați cu sare și piper. Se amestecă făina și se fierbe timp de aproximativ 3 până la 4 minute pentru un roux blond.
c) Se amestecă bulionul și se aduce lichidul la fierbere. Reduceți la fiert și continuați să gătiți timp de 8 până la 10 minute sau până când sosul începe să se îngroașe. Amestecați laptele și continuați să gătiți timp de 4 minute.
d) Asezonați cu sare și piper. Se ia de pe foc. Se amestecă cartofii, morcovii, mazărea, șunca și homarul. Asezonați cu sare și piper. Se amestecă bine umplutura. Dacă umplutura este prea groasă, adăugați puțină apă pentru a dilua umplutura.

e) Turnați umplutura în tava pregătită. Pune crusta deasupra umpluturii.
f) Puneți cu grijă crusta suprapusă în tigaie, formând o margine groasă. Ungeți marginile tăvii și puneți-le pe o tavă de copt.
g) Folosind un cuțit ascuțit și faceți mai multe fante în partea de sus a crustei. Pune vasul la cuptor și coace pentru aproximativ 25 până la 30 de minute sau până când crusta este maro aurie și crocantă.
h) Scoateți din cuptor și răciți timp de 5 minute înainte de servire.

## 92. Plăcintă cu friptură

Face: 4 portii

## INGREDIENTE:
- 1 cana ceapa tocata
- 2 linguri de margarina
- 3 linguri făină universală
- 1½ cană supă de vită
- ½ cană A 1 Original sau A.1 Sos de friptură îndrăzneț și picant
- 3 căni de friptură gătită în cuburi (aproximativ
- 1 1/2 lire)
- 1 16 oz. pachet. amestec congelat de broccoli, conopidă și morcovi
- Pregătiți aluat pentru 1 plăcintă cu crustă
- 1 ou, batut

## INSTRUCȚIUNI:
a) Într-o cratiță de 2 litri, la foc mediu-mare, gătiți ceapa în margarină până se înmoaie.
b) Se amestecă cu făina; gătiți încă 1 minut. Adăugați bulion și sos de friptură; gatiti si amestecati pana cand amestecul se ingroasa si incepe sa fiarba. Se amestecă friptura și legumele. Turnați amestecul într-un vas pătrat de sticlă de 8 inci.
c) Întindeți și tăiați crusta de patiserie pentru a se potrivi peste vas. Sigilați crusta pe marginea vasului; ungeți cu ou. Tăiați partea superioară a crustei pentru a se ventila.
d) Coaceți la 400ØF 25 de minute sau până când crusta este maro aurie.
e) Serviți imediat. Se ornează după dorință.

## 93. Plăcintă asiatică cu pui

Face: 1 porție
**INGREDIENTE:**
- 4 6 uncii piept de pui dezosat și fără piele
- ½ linguriță de oțet negru chinezesc
- 1 cap de broccoli
- ½ kg Castane de apă
- 1 morcov mare
- 1 tulpină de țelină
- 1 Bokchoy mic
- 2 linguri ulei de masline
- 2 linguri amidon de porumb
- ½ linguriță chinezească 5 condimente
- Sare si piper dupa gust
- 3 catei de usturoi, tocati
- 2 linguri Ceapa tocata
- 1 lingurita ghimbir tocat
- 1 cană supă de pui
- 8 foi de aluat filo
- 2 linguri de unt topit
- 1 lingură arpagic chinezesc tocat
- 4 crengute mari de rozmarin

**INSTRUCȚIUNI:**

a) Tăiați puiul în fâșii de 2 inci. Tăiați toate legumele în fâșii de 2 inci și fierbeți. Într-o tigaie mare, la foc mare, căliți fâșiile de pui cu oțet. Adăugați amidonul de porumb. Asezonați cu 5 pulbere de condimente, sare și piper. Adăugați usturoiul, ceapa și ghimbirul. Se prăjește timp de 5 până la 6 minute. Adăugați supa de pui și legumele. Gatiti 8-10 minute. Verificați condimentele.

b) Chill. Așezati patru foi de ½ inch de aluat filo, ungeți cu unt între foi și puneți într-o tavă de plăcintă de patru inci. Repetați procesul pentru patru tigăi. Împărțiți în mod egal amestecul de pui pe fiecare tigaie. Adăugați arpagic. Îndoiți colțurile în centru. Se coace la cuptor la 400 de grade timp de 12 minute.

c) Se transferă imediat în farfurii de servire și se ornează cu crenguțe de rozmarin.

# PLĂCINTE CU CARNE

## 94. Plăcinte tocate Baileys

Face: 9-12 plăcinte

## INGREDIENTE:
- 200 g făină simplă, plus suplimentar pentru pudrat
- 100 g unt, racit si taiat cubulete
- 1 lingurita zahar tos
- 1 ou mediu în aer liber, bătut uşor
- 1 lingură Baileys Original
- 250 g carne tocată de bună calitate
- 2 linguri de lapte pentru periaj

**PENTRU UNTUL BAILEYS**
- 75 g unt, moale
- 75 g zahăr pudră, plus suplimentar pentru pudrat
- 2 linguri Baileys Original

## INSTRUCŢIUNI:
a) Puneţi făina într-un castron mare şi adăugaţi cuburile de unt răcit. Frecaţi untul în făină cu vârful degetelor până când amestecul seamănă cu pesmet. Se adaugă zahărul, apoi se adaugă oul şi se adună rapid amestecul pentru a forma un aluat moale. Daca pare uscat, adauga un strop de apa rece. Înfăşuraţi aluatul în folie alimentară şi lăsaţi-l la rece 30 de minute.

b) Încinge cuptorul la 180°C ventilator/gaz 6. Se amestecă Baileys în carnea tocată şi se pune deoparte.

c) Pe o suprafaţă uşor înfăinată, întindeţi aluatul şi tăiaţi 9-12 cercuri suficient de mari pentru a căptuşi găurile formei. Apăsaţi-le uşor în interiorul găurilor folosind o minge mică de aluat de rezervă. Tăiaţi 9-12 cercuri mai mici, stele sau forme festive pentru capace din aluatul rămas.

d) Pune aproximativ o lingură de carne tocată în fiecare plăcintă. Ungeţi marginile inferioare ale fiecărui capac cu puţin lapte şi puneţi capacele pe plăcinte. Apăsaţi marginile de aluat împreună pentru a le sigila. Ungeţi partea de sus a fiecărei plăcinte cu puţin lapte, apoi folosiţi un cuţit mic ascuţit pentru a tăia un X în partea de sus a fiecărei plăcinte sigilate pentru a permite aburului să scape.

e) Coaceți plăcintele tocate la cuptor timp de 15-20 de minute până devin aurii. Lăsați-le să se răcească în tavă timp de 5 minute înainte de a le scoate cu grijă pe un grătar pentru a se răci complet.

f) Pentru untul Baileys, bateți untul de 75 g până când este moale și omogen, adăugați zahărul pudră și Baileys și bateți din nou. Pudrați plăcintele tocate cu zahăr pudră și serviți cu untul Baileys cremos.

## 95. Plăcintă cu mere

Face: 1 porție

**INGREDIENTE:**
- 1 9 inch Pie Shell, necoaptă
- ¼ cană făină universală
- ⅓ cană de zahăr
- ⅛ linguriță de sare
- 1 lingura de margarina sau unt
- ¼ cană apă
- 2 linguri bomboane roșii de scorțișoară
- 2 borcane (9 oz) carne tocată, pregătită
- 3 mere, tartă

**INSTRUCȚIUNI:**
a) Pregătiți coaja de plăcintă. Încinge cuptorul la 425 F. Presărați 2 linguri de făină în farfuria de plăcintă tapetată cu aluat. Se amestecă făina rămasă, zahărul, sarea și margarina până se sfărâmiciază. Se încălzește apa și bomboanele cu scorțișoară, amestecând până când bomboanele se dizolvă. Întindeți carnea tocată pe aluat.
b) Se taie merele și se taie în sferturi; tăiate în felii, de ½ inch grosime pe partea exterioară. Acoperiți carnea tocată cu 2 cercuri de felii de mere suprapuse; se presara cu amestec de zahar. Deasupra puneți sirop de scorțișoară, umezind cât mai mult amestec de zahar.
c) Acoperiți marginea cu o bandă de 2 până la 3 inci de folie de aluminiu pentru a preveni rumenirea excesivă; îndepărtați folia în ultimele 15 minute de coacere. Coaceți până când crusta devine maro aurie, 40 până la 50 de minute.

## 96. Plăcintă tocată cu streusel cu mere

Face: 1 plăcintă

**INGREDIENTE:**
- 1 coajă de patiserie necoaptă; 9 inchi
- 3 mere; tăiate, feliate subțire
- ½ cană de făină; necernută
- 3 linguri faina; necernută
- 2 linguri de margarina; sau unt, topit
- 1 borcan Niciun astfel de carne tocată Gata de utilizare
- ¼ cană zahăr brun; bine ambalat
- 1 lingurita scortisoara macinata
- ⅓ cană margarină; sau unt, rece
- ¼ cană Nuci; tocat

**INSTRUCȚIUNI:**

a) Într-un castron mare, aruncați merele cu 3 linguri de făină și margarina topită; aranjați în coajă de patiserie. Acoperiți cu carne tocată. Într-un castron mediu, combinați ½ cană rămasă de făină, zahăr și scorțișoară; se taie pe margarina rece pana se sfaramiciaza. Adăugați nuci; se presara peste carnea tocata.

b) Coaceți în jumătatea inferioară a cuptorului 425 timp de 10 minute. Reduceți temperatura cuptorului la 375; Coaceți încă 25 de minute sau până devin aurii. Misto.

# 97. Plăcintă tocată cu afine

Face: 6 portii

**INGREDIENTE:**
- ⅔ cană zahăr
- 2 linguri amidon de porumb
- ⅔ cană apă
- 1½ cană afine proaspete, clătite
- 1 x aluat pentru plăcintă cu 2 cruste
- 1 fiecare borcan gata de utilizare carne tocată
- 1 fiecare gălbenuş de ou amestecat cu 2 l. apă

**INSTRUCŢIUNI:**
a) Într-o cratiţă, combină zahărul şi amidonul de porumb; se adaugă apă. La foc iute, se găteşte şi se amestecă până la fierbere. Se adaugă merişoare; se dă din nou la fierbere. Se reduce focul; se fierbe 5 până la 10 minute, amestecând din când în când.
b) Transformaţi carnea tocată într-o farfurie de plăcintă de 9 sau 10".
c) Acoperiţi cu crusta superioară ventilată; sigilaţi şi fluture. Ungeţi amestecul de ouă peste crustă.
d) Coaceţi la 425 de grade în jumătatea inferioară a cuptorului 30 de minute sau până când devine maro auriu. Se răceşte. Se decorează cu Egg Nog.
e) Încorporaţi ½ litru de smântână pentru frişcă, bătută. Răciţi.

## 98. Placinta tocata cu blat de lamaie

Face: 1 porție

**INGREDIENTE:**
- 1 cană de făină Pillsbury's Best All Purpose, cernută
- ½ lingurita Sare
- ⅓ cană Scurtare
- 3 linguri apă rece
- 9 uncii Pkg carne tocată uscată; rupt în bucăți
- 2 linguri de zahăr
- 1 cană de apă
- 2 linguri de nuci Funsten; tocat
- 2 linguri de unt
- ⅔ cană zahăr
- 2 linguri Faina
- 2 gălbenușuri de ou
- 1 lingura coaja rasa de lamaie
- 2 linguri suc de lamaie
- ¾ cană lapte
- 2 albușuri

**INSTRUCȚIUNI:**

a) Cerneți împreună Pillsbury's Best All Purpose Flour și sare într-un bol de amestecare.

b) Tăiați în scurtătură până când particulele sunt de mărimea unei mazăre mici. Stropiți 3 până la 4 linguri de apă rece peste amestec în timp ce amestecați și amestecați ușor cu furculița.

c) Adăugați apă la particulele cele mai uscate, împingând cocoloașe într-o parte, până când aluatul este suficient de umed pentru a se menține împreună. Formează o bilă.

d) Aplatizați la o grosime de ½ inch; margini fine. Întindeți pe suprafața înfăinată într-un cerc cu 1½ inci mai mare decât piepanul inversat de 9 inci. Se potrivește lejer în piepan.

e) Îndoiți marginea pentru a forma o margine în picioare; flaut. Nu coace. Umplutură de carne tocată: Combinați carnea tocată uscată (dacă se dorește, amestecul de carne tocată preparată poate fi înlocuit cu 2 căni de carne tocată), zahăr și apă într-o cratiță mică.

f) Aduceți la fierbere; se fierbe 1 minut. Misto. Se amestecă 2 linguri de nucă mărunțită. Se transforma intr-o tava tapetata cu patiserie. Se toarnă topping peste carnea tocată.

g) Coaceți la cuptor moderat (350 de grade) 45 până la 50 de minute. Misto. Topping de lămâie: Combinați untul, zahărul și făina; amesteca bine.

h) Se amestecă gălbenușurile de ou. Se amestecă coaja de lămâie rasă, sucul de lămâie și ¾ de cană de lapte. Bate albusurile spuma pana se formeaza varfuri moi; se amestecă ușor în amestec.

## 99. Plăcintă tocată cu livadă

Face: 8 portii

**INGREDIENTE:**
1 9 inch Crust de plăcintă; necoaptă
2 cani de mere medii; decojite si tocat fin
1 cană de carne tocată preparată
¾ cană de cremă ușoară
¾ cană de zahăr brun; bătătorit
¼ lingură Sare
½ ceasca de nuci tocate

**INSTRUCȚIUNI:**
a) Într-un castron mare, combinați merele, carnea tocată, smântâna, zahărul brun și sarea. Amestecați bine.
b) Se toarnă într-o coajă de plăcintă necoaptă; se presară cu nuci.
c) Coaceți la 375° timp de 40 până la 50 de minute până când crusta devine maro aurie.

# 100. Plăcintă tocată cu smântână

Face: 10 porții

## INGREDIENTE:
- 1 coajă de patiserie de 9 in; necoaptă
- 1 pachet (9 oz) de carne tocată condensată; sfărâmat
- 1 cană suc de mere sau apă
- 1 măr mediu; decojite, decojite, tocate
- 1 lingura Faina
- 2 cani de smantana
- 2 oua
- 2 linguri de zahăr
- 1 lingurita de vanilie
- 3 linguri Nuci; tocat

## INSTRUCȚIUNI:
a) Preîncălziți cuptorul la 425°. Într-o cratiță mică, combinați carnea tocată și sucul de mere.
b) Se aduce la fierbere; se fierbe vioi 1 minut. Într-un castron mediu, amestecați făina în merele pentru a le acoperi; se amestecă în carne tocată. Se toarnă în coaja de patiserie. Coaceți 15 minute.
c) Între timp, într-un bol mic de mixer, combinați smântâna, ouăle, zahărul și vanilia; bate pana se omogenizeaza. Se toarnă uniform peste amestecul de carne tocată. Se presară cu nuci. Reveniți la cuptor; Coaceți 8 până la 10 minute mai mult până se fixează. Misto.
d) Răciți-vă bine. Se ornează după dorință. Pune resturile la frigider.

## CONCLUZIE

Plăcinta este întotdeauna o idee bună, mai ales în perioada sărbătorilor! Meniurile de Ziua Recunoștinței și deserturile de Crăciun sunt întotdeauna pline cu o mulțime de plăcinte de sezon, cum ar fi dovleac și merișor-portocale. Dar sunt și alte ocazii care merită plăcintă. Ca o bucătărie de vară, în care plăcinta cu lămâie și plăcinta cu căpșuni fac deserturi uimitoare pe vreme caldă. Din nou, nu aveți nevoie de un motiv pentru a face o plăcintă de casă. Doar puneți o crustă de plăcintă în congelator și puteți face oricare dintre aceste rețete de plăcintă ori de câte ori vă apare pofta! De exemplu, poate doriți să faceți plăcintă de ciocolată pentru cina de duminică. Sau, pregătiți batoanele de plăcintă cu nuci pecan pentru poftă.

www.ingramcontent.com/pod-product-compliance
Lightning Source LLC
Chambersburg PA
CBHW071310110526
44591CB00010B/857